W0014118

Hartmut Engler

ENGLER PUR

Hartmut Engler

ENGLER PUR

AUTOBIOGRAFIE

Originalausgabe

Verlegt durch EGMONT Verlagsgesellschaften mbH,
Gertrudenstraße 30–36, 50667 Köln

Zitat S. 10 aus: Rudolf Steiner »Anweisungen für eine esoterische Schulung«, GA 245, Dornach 1979

1. Auflage
Unter Mitwirkung von Shirley Michaela Seul
Redaktion: Gabriele Kalmbach, Cindy Witt
Umschlagvorderseite Foto: Benjamin Wolf
Umschlagrückseite Foto: Andrea Förg
Umschlagklappe Foto: Imagion
Umschlaggestaltung: ZERO Werbeagentur, München
Satz: Hans Winkens, Wegberg
Druck: Bercker Graphischer Betrieb, Kevelaer
ISBN 978-3-8025-3723-3

www.vgs.de

INHALT

VORSPIEL

Es ist immer dasselbe Lied: Die Lampenfiebermelodie packt mich schon Tage vor einem großen Auftritt. Ich entwickle eine Art Verfolgungswahn. Der betrifft Bazillen. Vor einem großen Gig sehe ich mich umzingelt von potenziellen Krankheitsherden. Selbstverständlich habe ich dann auch im Hochsommer stets einen Schal dabei. Sobald jemand niest, ducke ich mich. Ich bin Sänger. Wenn meine Stimme weg ist, bin ich auch weg. Ich bin der Einzige, der in unserer Band nicht ersetzbar ist. Was schmeichelhaft klingt, ist in Wirklichkeit ein extremer Druck, und der lastet auf mir. Wenn die Gitarre ausfallen würde oder der Bass, könnten wir rasch für Ersatz sorgen. Sogar während einer Tournee könnten wir im Extremfall kurzfristig Gastmusiker verpflichten. Die Stimme darf nicht ausfallen. Die ist das charakteristische Merkmal einer Band. Ich will meine Jungs nicht im Stich lassen und schon gar nicht meine Fans, die manchmal weite Wege auf sich nehmen.

Es ist mir noch nie passiert, ein Konzert absagen zu müssen. Okay, einmal hatte ich einen Armbruch, aber das war kein Beinbruch, denn ich singe ja nicht mit dem rechten Arm. Ein anderes Mal stand ich mit 40 Grad Fieber auf der Bühne. Nach dem Konzert fiel ich ohnmächtig in die Arme meiner Lieben. Hinter der Halle wartete bereits ein Krankenwagen auf mich. So würde ich es heute nicht mehr übertreiben, mit kurz vor fünfzig. Doch in der ersten

Zeit von *Pur* war jedes Konzert das wichtigste. Wenn man mal tausend Konzerte gespielt hat, sieht man das lockerer. Aber selbstverständlich ist noch immer jedes Konzert das wichtigste, denn es steht ja unmittelbar bevor, je näher, desto schlimmer. Daran hat sich für mich nichts geändert. Manchmal frage ich mich, wie viel Energie ich in meinem Leben mit Lampenfieber produziert habe. Vor zwei Jahren hat mir mein Bruder Hans-Peter ein Buch geschenkt, in dem er einige Zeilen von Rudolf Steiner markiert hat. Dieses Gedicht spreche ich ab dem Nachmittag eines Konzertes wie ein Mantra:

Ich trage Ruhe in mir
Ich trage in mir selbst
Die Kräfte, die mich stärken

Ich will mich erfüllen
Mit dieser Kräfte Wärme
Ich will mich durchdringen
Mit meines Willens Macht

Und fühlen will ich
Wie Ruhe sich ergießt
Durch all mein Sein
Wenn ich mich stärke

Die Ruhe als Kraft
In mir zu finden
Durch meines Strebens Macht

Im September 2010 bei dem Megaevent *Pur & Friends auf Schalke* vor 50.000 Fans konnte ich mein Mantra wieder einmal Härtetesten. Es war das vierte Mal, nach 2001, 2004 und 2007, dass wir in dieser grandiosen Arena spielten. Ein Highlight im Tourneekalender! Ein Highlight auch, was mein Lampenfieber betrifft. Wir hatten hier auch schon vor 70.000 Menschen gespielt. Da schnellt das Lampenfieber-Thermometer erst recht in die Höhe, wenn sich so viele Leute aufmachen, die ins Alter gekommenen angegrauten Herren der ehemaligen Bietigheimer Schülerband zu sehen und zu hören.

Fünfzigtausend Menschen. Fünfzigtausend Geschichten. Ich blickte aus einem Fenster im Backstagebereich und beobachtete, wie der Parkplatz sich füllte. Wie unsere Gäste über die Straße liefen, auf die Arena zu, in Gruppen, allein und als Paare, einige mit Kindern – und alle wirkten gut gelaunt, freuten sich. Fünfzigtausend Gesichter, fünfzigtausend Geschichten. Oft erhalte ich Briefe von Fans, die mir anvertrauen, wie die Musik von *Pur* ihr Leben begleitet. Sie haben sich bei *Pur* Songs verliebt und getrennt, Kinder gekriegt und sind Millionen von Kilometern mit dem Auto gefahren. Kürzlich erzählte mir eine Frau, dass sie unseren Song *Es ist, wie es ist* während ihrer Chemotherapie immer wieder und wieder gehört habe. Diesen Song schrieb ich, als ich selbst auf eine Diagnose wartete. Stimmbandkrebs hieß der schreckliche Verdacht. Die Frau erzählte mir, dass ihr unser Lied die Kraft gegeben habe, diese schwere Krise zu überstehen. Wenn ich so etwas höre, macht mich das glücklich. Dass wir anderen so viel geben können. Dass wir als *Pur* so dicht ran dürfen an unsere Fans und sich unsere Musik verwebt mit den Geschichten der Menschen.

ES IST, WIE ES IST

Das Warten ist die kleine Sterbenszeit
Die Ungewissheit glotzt von weißen Wänden
Du weißt zwar, jetzt ist es noch nicht so weit
Doch das Ergebnis kann die Welt verändern

Die Welt, wie du sie für dich siehst
Wie du gewinnst, manchmal verlierst
Gerät vielleicht aus der Balance

Vielleicht ist nichts mehr, wie es war
Vielleicht bist du bald nicht mehr da

Die nackte Angst verinnerlicht,
Die Hoffnung bleibt und kämpft um dich

Es ist, wie es ist, du bist, was du bist
Du lebst mit den Freuden und lebst mit den Leiden
Ob bitter, ob süß, was immer du fühlst
Das hier ist dein Leben und du kannst entscheiden
Ob du ohnmächtig alles erträgst oder all deine Chancen abwägst

Es ist, wie es ist …

Nur ein Verdacht, der erste Schock saß tief
Es ist so wohlig auf der Sonnenseite
Weil auch bis hierher alles blendend lief
Geschick und Glück als gute Wegbegleiter

Es kann nicht sein, was nicht sein darf
Der Gedanke raubt den Schlaf
Das macht alles keinen Sinn

Du hast doch niemand was getan
Was, wer tut warum dir das an
Und wer bestimmt, das ist verrückt

Allzu banal, nur Pech und Glück?
Warum ich? Warum nicht du?

Es ist, wie es ist …

In der Arena öffnete der Einlassdienst die Pforten. Ich nahm einen Schluck Wasser und ging auf den Oberrang im Stadion. Das mache ich ganz gern. Ich möchte wissen, wie es am Einlass abläuft. Und da stürmten die Ersten schon herein – und ich drehte mich schnell weg. Vor Bazillen hatte ich jetzt keine Angst mehr, die benötigen Inkubationszeit, doch allmählich saugte mich der Tunnel an. Mein Vor-Auftritts-Tunnel. Ein schwarzer Schlauch, in dem bin ich ganz allein. Manchmal höre ich später, ich hätte aus dem Tunnel heraus Leute begrüßt, gelächelt, genickt, ja ich hätte sogar gesprochen. Ich kann mich daran nicht erinnern. Sollte mir jemand etwas aufschwatzen wollen, wäre dies der perfekte Moment. Doch natürlich passen meine Jungs und die vielen guten Geister, von denen es im Backstagebereich nur so wimmelt, auf mich auf. Im Tunnel bin ich nicht mehr da. Ich bin dann einfach weg, um danach ganz da zu sein.

Die Arena füllte sich. Vor solchen Konzerten wie diesen verzichtet sogar mein bester Freund und alter Ego Ingo, unser Komponist und Keyboarder, auf unseren Running Gag, bei dem wir Seite an Seite durch einen Vorhang linsen, das Publikum betrachten und dann feststellen: »Hätten wir doch was Gscheits glernt, müssten wir hier nicht die Clowns geben.«

Unmittelbar vor einem Konzert will keiner mit mir tauschen. Nach dem Konzert will ich mit niemandem tauschen. Alles ist wunderbar genauso, wie es ist. Mein ganzes Leben, all die Höhen und Tiefen. Wir haben ganz unten angefangen und dann den Musikhimmel gestürmt. Mittlerweile hat die Zeit einige Kanten und

Kerben in unsere Flügel gehauen. Aber abheben können wir noch immer. Jetzt. Ich verlasse den Backstagebereich und fühle mich wie

DER SEILTÄNZER

Das Kind ist längst erwachsen und versteckt sich doch
im Mann
Es läuft die Treppe ständig hoch und kommt nie oben an
Jede Stufe ist der nächste Wunsch, der in Erfüllung geht
Doch das Kind stellt fest, das ist nicht schön
Und schmaler wird der Weg

Manche jubeln laut, manche schreien: Spring!
Ach, wen kümmert schon die Balance
Keiner sieht die feinen Angstschweißtropfen
Es bleibt die Flucht in Trance

Kennst du den Seiltänzertraum
Ich stürz ab, doch ich lebe noch
Dein Netz fängt mich auf mitten im Schoß, in deinem Schoß

Noch höher raus, das Gleichgewicht zu halten saugt mich aus
Oh, geht das immer so weiter bis zum Dessert beim eigenen
Leichenschmaus
Ich bin im falschen Film mit völlig falschem Sinn, schalt ihn ab,
wo ist der Knopf
Oh, bitte hilf mir, wann denn endlich macht es Klick in
meinem Kopf

Kennst du den Seiltänzertraum …

Ich bin nicht nur der Sänger der Band *Pur*, sondern auch ein Moderator, der durch einen Abend führt. Wenn wir unter dem Motto *Pur & Friends* musikalische Gäste begrüßen, möchte ich zudem ein perfekter Gastgeber sein, um allen Beteiligten, an erster Stelle steht hier für mich das Publikum, einen unvergesslichen Abend zu bieten. Je später der Abend, desto entspannter fühle ich mich. Zugaben sind ein reines Vergnügen. Der allerschönste Moment ist für mich der Schlussapplaus. Bei mir entlädt sich der Druck nach einem Konzert sehr oft in feuchten Augen, weil diese Verbundenheit und Energie so ergreifend ist und mich tief berührt.

DER ANFANG VOR DEM ANFANG

Fast hätte es mich nicht gegeben. Insofern fing mein Leben, das 1961 begann, bereits im Winter 1959 an, als meine Mutter bei einer Frühgeburt das dritte Wunschkind meiner Eltern verlor.

WINTER 59

Wie wärst du heute – was hättest du gedacht
Was hättest du denn anders – anders gemacht?
Wärst du mir ähnlich – was wär dein Ziel?
Zufall und Schicksal, der Weg, Verstand, Gefühl

Wie viel steckt von dir in mir – wie viele offene Fragen
Bin ich an deiner Stelle hier – war alles übertragen?
Welche Rolle spielst du noch – jetzt nach all den Jahren?
Hätten wir uns geliebt, gemocht, ich werd es nie erfahren

Winter 59 – im Wirtschaftswunderland, 3 Kinder waren genug
und du warst spät als drittes dran
Fünf Monate im Bauch nur bis dein Herz still stand
Zwei Jahre später kam dann ich für dich im Leben an

Dann kam ich für dich
Wenn es dich gäbe, gäbe es mich nicht
Nicht meine Seele, meine Stimme, mein Gesicht

Nach dem Zweiten Weltkrieg wurden viele Deutsche, die in Polen, der Tschechoslowakei und in Ungarn lebten, aus ihrer Heimat vertrieben. Meine Mutter Anna, die auf einem Bauernhof im Sudetenland in der Nähe von Altstadt aufwuchs, landete 1946 am Bahnhof im baden-württembergischen Bietigheim. Wie all die anderen Heimatvertriebenen hatte sie kein Recht gehabt, sich zu wehren. Irgendjemand hatte angeordnet: »Packt eure Sachen zusammen, morgen geht es in den Zug.«

»Wohin?«

»Nach Deutschland. Mehr als zwei Taschen dürft ihr nicht mitnehmen.«

Manchmal stelle ich mir vor, wie das wäre, wenn die Staatsmacht oder die internationale Politik Krisen heraufbeschwörte, die dazu führten, dass eines Morgens jemand an der Tür unseres satten und zufriedenen Wohlstandslebens klingelte: »Ihr Haus ist enteignet, Sie werden umgesiedelt. Nehmen Sie maximal zwei Taschen persönlicher Gegenstände mit. Der Rest bleibt hier.« Und es gäbe keinen Rechtsanwalt, keine Polizei und überhaupt niemanden, der uns helfen könnte.

Bevor meine Mutter aus ihrer Heimat vertrieben wurde, hatte sie sich wochenlang versteckt aus Angst vor Vergewaltigung und Mord, auch unter einer Brücke, über die die Russen mit Panzern einmarschierten. Die Erde erbebte unter der militärischen Macht, und meine Mutter befürchtete, die Brücke würde einstürzen. Manche dieser Bilder begleiten mich seit meiner Kindheit, doch richtig begriffen habe ich erst später, was es bedeutet, seine Heimat zu verlieren. Während des Krieges wurden die Menschen im Sudetenland von der Gestapo terrorisiert, nach dem Krieg von den russischen Eroberern. Als meine Mutter in Deutschland ankam, war sie 20 Jahre alt, hatte lange geflochtene Zöpfe und großen Hunger.

Mein Vater Johann, genannt Hans, kam im Alter von 22 Jahren im Kreis vieler Verwandter nach Ingersheim. Er stammte aus Bia in der Nähe von Budapest. Im Frühling 1947 lernten Anna und Hans sich kennen, der Blitz schlug ein – meine Mutter nennt das: »Mir ham uns glei mögen.« – und sie verabredeten sich zu einer Tanzveranstaltung an einem Sonntag, dem einzig freien Tag der Woche. Mein Vater, der gern studiert hätte, wenn sein ungarischer Schulabschluss als Abitur anerkannt worden wäre, arbeitete als Angestellter in einem Büro, meine Mutter in einer Matratzenfabrik. Geheiratet wurde 1948. Und getanzt ein Leben lang.

Als mein Bruder Hans-Peter dann 1949 zur Welt kam, waren meine Eltern 24 und 26. Die Familie bezog eine Wohnung im alten Schulhaus in Ingersheim. Das sollte keine Dauerlösung bleiben: Meine Eltern setzten ihre ganze Kraft in eine bessere Zukunft. Sie arbeiteten für eine eigene Familie und eine neue Heimat für sich und ihre Kinder. Meine Eltern sprachen deutsch miteinander, da sie keine gemeinsame Muttersprache hatten. Ich war umgeben von einem interessanten Dialektgemisch – dem eigentümlichen sudetendeutschen Dialekt meiner Mutter, den in unserer Familie nur mein Bruder kopieren kann. Kartoffelbrei heißt beispielsweise *Arpelmauker*, das kommt von Arpel, Erdäpfel und Mauker, Brei. Auch mein Vater sparte nicht an Raritäten. Er spezialisierte sich dabei allerdings nicht auf einzelne Wörter, sondern auf Sprichwörter. Mit lauter Stimme rief er quer über den Fußballplatz: »Die sollen mal richtig rangehen, die haben doch keinen Mumps in den Knochen.«

Und sein bester Freund Herr Kegli ereiferte sich: »Scheiß, Scheiß doch endlich!«, was zuerst zu einer Erzürnung, dann Erheiterung des Publikums führte.

Unser Gitarrist Rudi ist ebenfalls sehr gewieft in dieser Disziplin. Rudi fährt beispielsweise schon »dreißig Jahre urlaubsfrei Auto«, im Gegensatz zu seinem Vater, »der fährt nämlich wie eine gehängte Sau.« Allerdings spricht Rudi nicht mit dem ungarisch eingefärbten Dialekt, den mein Vater aus seiner Heimat mitbrachte. Wenn sich jemand bei uns verspricht, wird nicht Freud erwähnt, sondern Rudis Nachname und es heißt: »Das ist ein echter Buttas.« Auf der Gasse, also beim Spielen und in der Schule, wurde geschwäbelt, manchmal richtig derb: »No oin son blöde Spruch, na gibt's aba an Satz heiße Ohre.«

Vor Dialekt waren auch manche Grundschullehrer nicht gefeit. Ich vermute, Deutsch lernte ich von dem Tagesschausprecher Karl-Heinz Köpcke und seinen Kollegen, die Reportagen, Politikmagazine und Wissenssendungen moderierten.

1953 kam meine Schwester Ute zur Welt. Meine Eltern waren überglücklich, weil zu einer richtigen Familie ein Bub und ein Mädchen gehören, und zwar in dieser Reihenfolge. Allerdings erzählt Ute heute noch gern, dass sie kein typisches Mädchen gewesen sei, weil sie den ganzen Tag auf der Gasse gespielt habe: »Und wenn ich heimkomme bin, war ich genauso schwarz wie mein Turnleible.«

Der größte Traum meiner Eltern war das eigene Haus für ihre Familie. Häuser gab es damals für unerschwingliche 50.000 Mark. Doch mithilfe des sozialen Siedlungsbaus konnten sich meine Eltern ihren Traum erfüllen. Ein zweigeschossiges Häuschen mit einem kleinen Garten, darin ein Holzschuppen für Gerätschaften und Werkzeuge. Die Häuser in dieser Siedlung sahen sich alle ähnlich – und vielleicht auch das Glück, das dort einzog. Ein Teil der benötigten Summe ließ sich über einen zinslosen Staatskredit finanzieren, der über dreißig Jahre zurückbezahlt werden konnte. Also wurde jeder Pfennig gehütet und meine Eltern vermieteten die 60 Quadratmeter im ersten Stock; unsere fünfköpfige Familie bewohnte die 60 Quadratmeter im Erdgeschoss.

KARGE ZEITEN VOLLER LIEBE

Am 24. November 1961 brachte meine Mutter mich zur Welt, auf der Wohnzimmercouch in der Obhut einer Hebamme. Mit mir war die Familienplanung glücklich abgeschlossen, und meine Eltern wählten den schönsten Namen für dieses Neugeborene: Hartmut. Ich habe mich oft gefragt, wie man einem warmen, weichen, süßen, duftenden Säugling diesen Namen antun kann. Doch der Name hatte auch einen Vorteil: Er war relativ selten und deshalb gab es in Kindergarten und Schule nicht Hartmut eins bis fünf, sondern nur einen, mich.

Da meine Eltern beim Sparen sehr erfindungsreich waren, kamen sie bald nach meiner Geburt ohne die Einnahmen aus der Vermietung zurecht, und unsere Familie nahm das ganze Haus in Besitz. Wer ein Zimmer verließ, knipste das Licht aus. Wer sich am Waschbecken wusch, drehte den Hahn zwischendurch immer wieder ab. Niemals wurde Essen weggeworfen. Kaputte Kleidung wurde geflickt. Am Samstag wurde der Boiler im Bad, an den man auf keinen Fall fassen durfte, mit Holz angeschürt. »Vorsicht Bub«, warnte meine Mutter, »verbrenn dir net die Finger!« Ich wusste, was sie meinte, denn ich hatte schon einmal einen schmerzhaften Hitzetest am Ölofen im Wohnzimmer durchgeführt. Wenn das Wasser heiß war, nahm einer nach dem anderen Platz in der Wanne. Im selben Wasser. Eine eigene volle Wanne für jedes Familienmitglied, womöglich mit duftendem Schaum wie

Zuckerwatte – so was kam mir gar nicht in den Sinn! Sparen war für mich als Kind selbstverständlich. Ich kannte es nicht anders. Ich kannte auch keine reichen Leute. Alle in der Siedlung, unser ganzes Umfeld lebte wie wir. Nur Onkel Bertel, ein Bruder meiner Mutter, der es auf der Erfolgsleiter als »hohes Tier im Bauamt« nach oben geschafft hatte, fuhr einen älteren Mercedes. Auch in der Stuttgarter Region gab es damals noch nicht viele Mercedes und Porsche. Manchmal durfte ich eine Runde mit Onkel Bertel fahren. Sehr gern kurbelte ich das Fenster auf und zu und auf und zu. Ein Hauch der großen weiten Welt streifte mich.

Onkel Bertel spürte ihn nicht: »Hartmut, jetzt lass doch mal die Fenster in Ruhe! Ich krieg ja noch einen steifen Hals!«

Mein Vater machte den Führerschein erst im Alter von 45 Jahren, bis dahin war das Geld zu knapp für die Anschaffung eines Autos. Sein erster Wagen war ein silberfarbener Opel Kadett. Sein zweiter ein froschgrüner. Den erbte ich später und chauffierte Peter Maffay damit zu einer Pizzeria, was sich niemand aus unserer Familie seinerzeit hätte träumen lassen. Unsere Träume speisten sich aus dem, was wir kannten. Meine Mutter machte nie einen Führerschein. Ich bin zeitgemäß mit einer klassischen Rollenteilung aufgewachsen. Der Mann als Alleinverdiener, die Frau hütete Haus und Kinder, und die Küche war ihr Reich. Sonntags gab es Schnitzel und natürlich kamen Spätzle auf den Tisch. Die Soßen waren sämig und kräftig, Kartoffeln mit Kräuterquark lieferten Proteine, Pfannkuchen, der bei uns Palatschinken hieß, war der Hit bei meinen Kameraden – und bei mir süßer Griesbrei mit eingemachten Kirschen. Die internationale Küche lernte ich erst kennen, als ich Mofa fuhr und mich mit den Jungs von der Schülerband in der Pizzeria traf, wo mich der Hauch der großen weiten Welt erneut streifte.

Meine Mutter ist bis heute durch und durch sparsam. Wenn ausnahmsweise niemand von uns Zeit hat, bitte ich sie vielleicht trotz besseren Wissens, ein Taxi zu nehmen. »Des is so teuer, ich nehm den Bus zum Doktor, des krieg ich schon hin. Des ho ich schon imma so gemacht.« Und weg ist sie. Telefongespräche werden kurz gehalten, denn sie kosten Geld. Und Kontoführungsgebühren auch, worauf mich mein Vater einmal hinwies, als ich bereits Plattenmillionär war: »Junge, du weißt aber schon, dass du zusätzliche Gebühren zahlen musst, wenn du zwei Girokonten hast?«

ALLES FÜRS SCHWEIN

Du hast nie gespürt, was es heißt, arm zu sein
Denn du bist tüchtig, deine Ellbogen kräftig, sauber und rein
Deine Zeit ist immer knapp bemessen, denn du ackerst
wie besessen
Um am nächsten Ersten dann mit feuchter Hand nachzuzählen
Was gespart ist, Gott sei Dank

Du leistest dir auch etwas Luxus, weil Freizeit auch ertragen
werden muss
Du steigerst deinen Arbeitsrhythmus, weil einfach noch mehr
Moos auf dein Konto muss

Alle schuften wie die Tiere für ihr Schwein
Alles, was sie übrig haben, stopfen sie rein
Man braucht ein Schwein zum Glücklichsein
Mit einem Sparschwein stellt das Glück sich ein
Sagt die Bank, vielen Dank

An einem wurde bei uns überhaupt nie gespart: an Liebe. Von allen Seiten strömte sie mir zu. Und manchmal schmeckte sie sehr süß. Am Samstagabend nach dem Baden wurde das Ohnsorg-

Theater oder der Komödienstadel geguckt, und die Familie teilte sich verschwenderisch schwelgend eine Tafel Schokolade. Der kleine Hartmut bekam eine Tafel für sich alleine. Ich spürte es oft, wie glücklich meine Eltern waren, dass es mit dem dritten Kind doch noch geklappt hatte. Wäre das Herz meines zwei Jahre jüngeren Bruders nicht im Mutterleib verstummt, hätte meines nie angefangen zu schlagen. Es dauerte Jahrzehnte, bis ich begriff, dass das Schicksal meines ungeborenen Bruders einer der Gründe ist, warum ich bis heute von einem großen Harmoniebedürfnis geprägt bin. Ich bin der, der es wiedergutmachen soll.

WINTER 59

Dann kam ich und füllte auf
Und in diese Lücke
Wuchs mit mir ein Babybauch
Als Familienbrücke
Über die man gerne ging
Ich trug gern die Last
Ganz unbewusst, den tieferen Sinn
Hab ich spät erfasst

In meiner Familie habe ich geglättet. Und zu glätten gab es viel, spätestens als mein Bruder in die Pubertät kam. Hans-Peter war einer der Ersten, der der Friseurinnung Angst einjagte. Er orientierte sich an den Beatles und den Stones, und meine Eltern erlitten einen Kulturschock. Ich war noch zu klein, um die Ehre zu begreifen, die mir zuteil wurde: Ich lebte mit einem Revoluzzer unter einem Dach. Als ich das erkannte, bewunderte ich meinen großen Bruder glühend. Für die Sorgen meiner Eltern hatte ich damals kein Verständnis. Ich fand Hans-Peter einfach toll. Die langen Haare, der coole Parka, die wilde Musik. Was der sich traute! Einmal brach er die Schule ab, machte das Abi dann doch noch, studierte, es folgte eine Lehre als Tierpfleger und heute unterrichtet er an einer Waldorfschule.

Als Hans-Peter noch mit dem Leben experimentierte, war der Ärger beim sonntäglichen Mittagessen nach dem Kirchenbesuch vorprogrammiert. Oft entzündete sich ein Streit an der Religion. Meine Eltern waren sehr katholisch, mein Bruder sehr kritisch. Dass der Papst immer recht hätte, das konnte mein Bruder nicht akzeptieren. Und los ging es.

»Papa, hast du das mit dem Papst und den Rüstungsfirmen gehört?«

»So was will ich gar nicht wissen.«

»Aber das ist wahr!«

»Der Papst weiß schon, was er tut.«

»Du hast doch keine Ahnung! Lies doch mal, was im aktuellen Spiegel an Enthüllungen über den Vatikan steht.«

»Das interessiert mich nicht! Die Kirche hat bestimmt alles richtig gemacht!«

Meine Mutter seufzte: »Ich halt mein Mund, Gott hört mei Brummen«, und verabschiedete sich in ihr Reich.

Ich saß zwischen den Giganten und spitzte die Ohren, auch wenn ich viele Zusammenhänge noch nicht verstehen konnte. Leichter fiel es mir, mich in die Musik meines Bruders einzuhören, und dadurch war ich meiner Zeit weit voraus. Die Beatles rissen mich vom Hocker. Als kleiner Bub stand ich mit dem Teppichklopfer als Gitarrenersatz neben der Stereoanlage im Wohnzimmer und kauderwelschte lautstark: »Schlappschuh, yeah, yeah, yeah!«

Für *She loves you* war ich noch zu klein. Vom Alter her gehörte ich eher in Heintjes Eierkuchenecke, und den imitierte ich bei Familienfeiern auch mit großem Erfolg. *Mama, bringt das Leben mir auch Kummer und Schmerz, dann denk ich nur an dich, es betet ja für mich, oh Mama, dein Herz.* Mama und die Tanten schmolzen dahin. Bei Tante Tatjana genügte ein Ton und sie brach in Tränen aus. Das beflügelte mich geradezu!

Der Kindergarten befand sich im Haus gegenüber. Wenn meine Kindergärtnerin Tante Berta krank war, sprang meine Mama ab und zu als Aushilfserzieherin ein, was mich mit Stolz erfüllte. Im Kindergarten spielte ich leidenschaftlich gern mit einer Ritterburg. Wir Kinder wurden häufig ermahnt, vorsichtig zu sein und nichts kaputt zu machen. Eines Tages beugte ich mich über die Burg, um einen Ritter und ein Burgfräulein näher bekannt zu machen. Dabei stützte ich mich unbedacht ab, und die Zugbrücke zerbrach. Aus Angst vor Tadel stellte ich die Burg zurück ins Regal. Der Spielkamerad, der die Burg als Nächster nichtsahnend herauszog, wurde von Tante Berta tüchtig ausgeschimpft. Mit schlechtem Gewissen, flauem Magen und großer Angst sprang ich nach vorne: »Ich war's, Tante Berta! Ich war's!« Danach ging es mir besser und ich spürte die Erleichterung, mich für die Wahrheit entschieden zu haben.

LIED FÜR ALL DIE VERGESSENEN

für Papa:
Du stehst nie in der Zeitung wie die Großen dieser Welt
Doch für mich bist du – so wie du bist – im Kleinen ein Held
Nach dem Krieg am Nullpunkt hast du gerackert und geglaubt
Dein Leben lang für die Deinen am Leben gebaut
Luxus war nie wichtig und kein blinder Respekt
Mein Gewissen musste keine Verbote umgehen,
Nur deine Bescheidenheit, die habe ich nie erlernt
Dass wir beide Fehler haben, habe ich nie übersehen.

für Mama:

Auch für dich ist dieses Lied hier, weil ich zu selten an dich denk
Hast mich still und geduldig verwöhnt und beschenkt
Das war so völlig selbstlos, als wäre das normal
Geboren, erzogen, beschützt, geliebt, ja, du warst immer da
Die Wölfin, die ihr Junges verteidigt und schützt
Und vermutlich in der Not auch ihr Blut gibt
Mir bleibt da nur noch danke, nicht viel, aber es tut gut
Wenn zum Reden – wie so oft – uns der Mut fehlt

TAUSCHE FUSSBALL GEGEN INDIANER

Trotz meiner beiden Geschwister fühlte ich mich aufgrund des Altersunterschiedes zu Hans-Peter und Ute eher als Einzelkind mit vier Eltern. Das machte mir nichts aus; ich konnte mich wunderbar mit mir selbst beschäftigen. Am liebsten spielte ich mit meiner Westernstadt Cowboy und Indianer. Doch dann wechselte ich vom Einzel- zum Teamspieler. Der Virus Fußball packte mich. Profispieler wollte ich werden, wie so viele Jungs. Nach der Schule und den lästigen Hausaufgaben stürmte ich zum Bolzplatz, der sich direkt vor unserem Haus befand. Viel zu schnell verging der Nachmittag und meine Mutter rief: »Hartmut, Essen ist fertig!«

Im Winter, wenn wir wegen des Wetters pausieren mussten, tröstete ich mich mit Tischtennis. Ballsportarten begeisterten mich schon immer. Obwohl es bei uns auf dem Dorf sehr wenig Angebote für Freizeitaktivitäten gab, vermisste ich nichts. Im Sommer musste es schon sehr heiß sein, dass ich das Freibad dem Fußballplatz vorzog. Doch dazu radelte ich erst mal nach Besigheim – eine steile Anreise. Oft durfte ich mit einem Kameraden im elterlichen Auto mitfahren. Ein Auto war ein Luxus, den sich meine Familie nicht leisten konnte. Aus Sparsamkeitsgründen fuhren wir auch nie in den Urlaub. Meine Schulkameraden lernten in den Sommerferien Österreich, Italien, Dänemark, Jugoslawien und die Schweiz kennen. Wir blieben dort, wo es am schönsten ist. Hin und wieder wagten meine Eltern einen Ausflug zu einer Schwester meiner Mutter nach Grefrath. Lange bevor wir unsere gewohnte Umgebung verließen, breitete sich Nervosität aus. Etwas Ungewisses stand bevor – Alarmstufe rot. Heute glaube ich, dass das Verreisen für meine Eltern eine ähnliche Herausforderung war, wie es die Stunde vor einem Konzert für mich ist. Das Reisefieber meiner Eltern wurde sichtbar auf dem Fieberthermometer: Pünktlich zur Abfahrt wurde der Kleine krank. Doch was meine Eltern beschlossen hatten, wurde durchgezogen, und wir fuhren los. Am Ziel unserer Reise verschwand mein Fieber schlagartig. Dafür packte das Reisefieber nun meine Eltern, die beide an Verstopfung litten. Fremde Toilette, hygienisch alles anders, Hilfe! Als ich viele Jahre später mit meinem Freund Ingo erstmals beim Zelten war, konnte ich fünf Tage nicht zur Toilette und vertraute mich Ingo an. Der beobachtete, wie ich mal wieder in dem Häuschen auf dem Campingplatz verschwand, folgte mir und reichte mir eine Gauloise durch die Tür.

»Einfach mal ziehen, Hartl, und dann geht's ab, wirst sehen.«

Ich hatte noch nie geraucht und nahm einen Zug. Es war ekelhaft und bestärkte mich darin, Zigaretten zu meiden, was ich bis heute einhalte. Doch die Wirkung war durchschlagend und überaus befreiend.

FREUNDE

Es ist schön, dich zu kennen
Mit dir zu reden oder auch Musik zu hören
Sogar Schweigen ist nie peinlich zwischen uns
Und das ist gut so
Heucheln und Lügen ist sinnlos
Weil wir uns gegenseitig fast wie Glas durchschauen
Wir machen uns schon lange nichts mehr vor
Und das ist gut so

Du hast in meinem Arm geweint
So manche Nacht mit mir durchträumt
Die letzten Zweifel ausgeräumt
Ich kenn dich und du mich

Du bist nicht hart im Nehmen
Du bist beruhigend weich
Dich nicht zu mögen ist nicht leicht
Du bist kein Einzelkämpfer
Du bist so herrlich schwach
Vertrau mir und benutz mich
Wozu sind denn schließlich Freunde da

Ich les in deinen Gesten
Und freue mich, wenn dein echtes Lachen klingt
Die Brücke zwischen uns ist gnadenlos belastbar
Und das ist gut so

Wir kosten uns Nerven
Tauschen Ideen und manchmal auch das letzte Hemd
Philosophieren und saufen und werden uns nie mehr fremd
Und das ist gut so

Wir haben uns versöhnt, verkracht
So manchen derben Witz belacht
Uns gegenseitig Mut gemacht
Ich brauch dich und du mich

Du bist nicht hart im Nehmen …

PIPERAPINKA UND DIE FINNEN

Wie die meisten Kinder wollte ich die Aufgaben, die mir zugeteilt wurden, zur Zufriedenheit meiner Eltern erledigen. Doch leider konnte ich es meinem Vater nie recht machen. Wenn ich die Straße gekehrt hatte, beäugte er das Ergebnis meiner Anstrengungen kritisch und kommentierte dann kopfschüttelnd: »Junge, so geht das nicht.« Dann kehrte er die Straße selbst. Obwohl ich mir große Mühe gab, konnte ich keinen Unterschied zwischen seinem und meinem Kehren erkennen. Auch bei Tätigkeiten im Haus und Garten konnte ich meinen Vater nie zufriedenstellen. Ich fühlte mich zwar nicht ungeschickt, doch Papa hatte sicher recht. Ich verinnerlichte, zwei linke Hände zu haben. Viele Jahre später erkannte ich, dass mein Vater selbst zwei linke Hände hatte. Das versuchte er durch eine zuweilen fast groteske Detailversessenheit auszugleichen.

WALZER FÜR DICH

Die wenigen Prügel, die habe ich verziehen
Und auch manche Rede ohne jeden Sinn
Mit Lob hast du ehrlich gesagt oft gegeizt
Dafür hab ich dich bis aufs Blut gereizt
Als ich als Kleiner das Fußballtor
Dann als Großer die Töne gut traf
Spätestens da fühltest du dich belohnt
Zum Glück und nicht bestraft

Im Sommer kam es in zweiwöchigem Turnus zu unserem Samstagsdrama: Mein Vater kümmerte sich um den Rasen. Zuerst mit dem Rasenmäher, dann mit der Schere, um den Rand exakt anzugleichen.

»Hans, das Essen ist fertig«, rief meine Mutter. Dann rief sie noch mal und noch mal und noch mal.

»Gleich«, erwiderte mein Vater und schnipselte weiter.

»Hans!«, die Stimme meiner Mutter wurde lauter. »Ich stehe drei Stunden in der Küch und wenn du ned glei zum Tisch kommst, is' Essen kaputt.«

»Gleich«, erwiderte mein Vater.

»Du kannst doch nach'm Mittagessen weitermachen«, schlug meine Mutter gutmütig vor.

»Gleich«, sagte mein Vater.

Ute, Hans-Peter und ich saßen bereits am Tisch. Wenn unser Vater endlich auftauchte, tief befriedigt über seinen Golfrasen, hätte er in der Küche gleich weiterschneiden können, so dick war die Luft.

Als Kind war ich kein guter Esser und musste trotzdem sitzen bleiben »bis der Teller leer ist«, wie mein Vater anordnete. Nun, das konnte dauern. Brav saß ich vor meinem halb vollen Teller und vertrieb mir die Zeit damit, an die Wand zu starren und einen Spruch auswendig zu lernen, den meine Schwester von einer Reise nach Finnland mitgebracht hatte. Auf rotem Untergrund stand auf einem ovalen Schild:

KALA
ON HERKKÄ JA TUNTEELLINEN USEIN TAITEELLINEN, VAPAUTTA RAKASTAVA, AVULIAS, VÄLIN LIIANKIN HYVÄNTAHTOINEN.

Viele Jahre später traf ich einige finnische Eishockeyspieler und sagte meinen Spruch vor ihnen auf. Sie lachten und klopften mir auf die Schulter. *Kala* heißt Fisch. Ich hatte die typischen Eigenschaften eines im Sternzeichen Fisch geborenen Menschen auswendig gelernt.

Eigentlich bin ich gar nicht gut im Auswendiglernen. Doch was man als Kind aufschnappt, das ist tief verankert. Einer der Lieblingssprüche meiner Mutter lautete: *In Wien steht ein Haus, in Wien steht ein Blumenhaus, da schauen drei Jungfrauen raus, die erste heißt Pinka, die zweite Piperapinka die dritte Ceceknickknackmopiapopiapiperapinka. Da nimmt Pinka einen Stein, wirft ihn Piperapinka vors Bein und da fängt Ceceknickknackmopiapopiapiperapinka heftig an zu schreien.*

Selbstverständlich beherrschen diesen Zungenbrecher auch meine Kinder.

STOTTERBREMSEREIEN

Ich war ein guter Schüler, doch für meinen Vater war gut nicht gut genug. Wenn ich bei einem Diktat mit zwei Fehlern als Klassenbester abschnitt, fragte mein Vater: »Mussten diese zwei Fehler sein?« Für meinen Vater zählte nur sehr gut. Bei meinem Vater gab es kein halb volles Glas. Er war ein Pessimist wie er im Buche steht und als sein Sohn neige ich ebenso dazu. Es fällt mir leichter zu glauben, dass etwas nicht funktioniert. So genieße ich den Vorteil, mich darüber zu freuen, wenn es wider Erwarten doch gut geht. Im zwischenmenschlichen Bereich bin ich allerdings kein solcher Pessimist mehr wie früher. Ich kann andere sogar recht gut motivieren – wenn ich auch manchmal insgeheim denke: Ob das wirklich klappt? Aber ich bremse die Leute nicht mehr aus. Zu viel Euphorie im Vorfeld allerdings macht mir heute manchmal noch Angst vor einer Enttäuschung.

Ich weiß nicht, ob es daran liegt, dass mein Vater den Führerschein erst mit Mitte vierzig machte – ihn als unsicheren Fahrer zu bezeichnen, wäre schmeichelhaft. Wenn unser Fußballverein Auswärtsspiele zu bestreiten hatte, wurden wir Jungs von drei, vier Vätern chauffiert. Bei uns wollte nie jemand mitfahren. Das wunderte mich nicht. Mein Vater verwechselte schon mal Gas und Bremse und raste mit Vollgas auf einen Lkw zu, der plötzlich aus einer Querstraße auftauchte. Wenn Papa am Steuer saß, nahm die Familie auf Schleudersitzen Platz. Deshalb herrschte stets eine angespannte Stimmung im Auto. Meine Mutter versuchte zu navigieren.

»Hans, fahr langsamer!«

»Ja, ja.«

»Hans, da vorne! Vorsicht, der Bus!«

»Den seh ich doch!«

»Hans, pass auf die Ampel auf! Die schalt glei um auf Rot!«

Was hier wie ein Sketch klingen mag, war für uns Beifahrer kein Spaß. Sobald mein Vater auf eine Kreuzung mit roter Ampel zufuhr, kuppelte er aus, das spart Benzin. Schaltete die Ampel dann auf Grün, kuppelte er wieder ein, Korrektur: versuchte es. Gequält stöhnte das Getriebe auf. Und wir stöhnten beim nächsten Bremsvorgang. Denn mein Vater bremste nicht normal, er stotterbremste, und wir kippten nach vorne und zurück und nach vorne und zurück. Seinerzeit gab es keine Sicherheitsgurte in Autos.

»Hans!«, rief meine Mutter und hielt sich am Türgriff fest.

»Stotterbremsen ist sparsamer. Der Fahrlehrer hat gesagt, es schützt die Bremsscheiben vor Abrieb.«

UTES WURSCHTBROTE

Mein Bruder und meine Schwester erinnern deutlich strengere Eltern als ich. Durch die Auseinandersetzungen mit meinem Bruder war mein Vater regelrecht erschöpft. Hans-Peter bereitete die Erde für die Saat vor, ackerte und bestellte den Boden, ich erntete die Früchte. Doch manchmal machte ich auch Bekanntschaft mit Vaters harter Hand. Richtig verprügelt wurde ich nie, doch ich fand auch Ohrfeigen ungerecht, selbst wenn ich meine Schuld freimütig eingestand.

Eine nagelneue Sonntagshose wollte ich in der Schule tragen.

»Nein, die ist viel zu schad«, sagte Mama.

»Bitte!« ich bettelte so lange, bis sie es erlaubte. »Na ja gut. Des eine Mal. Aber pass auf!«

»Was soll da schon passieren?«, jubelte ich und passte den ganzen Tag über sehr gut auf die Hose auf. Doch auf dem Heimweg geriet ich in eine Rangelei und auf der Flucht – ich muss die Hose retten! – stolperte ich. Meine aufgeschürften Knie taten weh, noch viel weher tat die Schramme auf der teuren Lederhose. Obwohl ich nichts dafür konnte, war klar, dass das Ärger geben würde. So erhielt ich die Prügel, denen ich entkommen wollte, stellvertretend von meiner Mama.

In der Schule wurden wir zu Kritikfähigkeit erzogen. Unsere Eltern erwarteten, dass wir Gebote und Verbote akzeptierten. Wir lernten zu hinterfragen und diese Haltung prägte uns.

»Warum?«, fragte ich meinen Vater.

»Darum«, antwortete er.

»Darum ist keine Erklärung«, sagte ich. »Wenn du mir keinen guten Grund nennen kannst, warum ich heute um 22 Uhr zu Hause sein soll, obwohl ich morgen früh ausschlafen kann, dann interessiert mich das nicht.«

Wenn ich an solche Dispute zurückdenke, tut mir mein Vater leid, wie sollte er seinen Gymnasiastensöhnen rhetorisch gewachsen sein?

Auch meiner Schwester wäre der Weg ins Gymnasium offen gestanden, doch Ute tobte lieber auf der Gasse herum. Seinerzeit herrschte auch noch die Auffassung vor, dass ein Mädchen nicht aufs Gymnasium brauche. Abgesehen davon freute sich meine Mutter, wenn Ute sich um den Kleinen kümmerte. Und das machte sie aus ganzem Herzen gern. Nur ein einziges Mal verletzte sie ihre Aufsichtspflicht. Beim Spazierenfahren mit dem Kinderwagen leerte meine Schwester mich aus Versehen kopfüber auf dem Trottoir aus. Seitdem musste ich mir, wann immer ich ein bisschen unkonventionell reagierte, von meiner Mutter anhören: »Ich weeß, woher des kummt. Die Ute hatt'n doch auf der Straße mit'm Kinderwagen ausgschüttet. Da is wohl was hängen bliebm.«

Ich genoss die Fürsorge meiner älteren Schwester sehr und meistens erhielt ich von ihr, was ich wollte.

»Ute, mach mir bitte a Wurschtbrot.«

Selten lehnte sie ab »Des kansch jetzt aba au selba.«

Sofort beschwerte ich mich bei meiner Mama: »Die Ute will mir kei Wurschtbrot mache.«

»Jetzt mach ihm doch a Wurschtbrot«, schimpfte meine Mutter.

Ich glaube nicht, dass ich Ute zu sehr genervt habe mit meinen Wurschtbroten, denn die macht sie mir heute noch gerne, zu Hause und als Begleiterin auf unseren Tourneen. Und natürlich schmecken Utes Brote am besten. Im Grunde hat sie ihren Job als ältere Schwester nie abgegeben. Seitdem ihre drei Söhne erwachsen sind, passt sie als guter Geist in meinem Haus fürsorglich auf mich und den Haushalt auf. Und sie ist meistens gut gelaunt – bei Ute ist das Glas halb voll und das steckt mich oft an. Wenn sie singend am Herd steht, singend Auto fährt, vermittelt sie mir eine ursprüngliche Freude am Singen, die ich zwischendurch als Profi immer wieder mal vergesse.

Meine Eltern waren beide im Gesangverein, der Singgemeinschaft SKV Ingersheim. Mein Vater wünschte sich sehr, ich würde dort auch im Chor singen und das deutsche Liedgut ehren. Ich sang lieber … pur. Mein einziger Ausflug in den Chorgesang endete peinlich. Bei der Hochzeit eines Freundes mischte ich mich als Überraschungsgast in den Kirchenchor. Zweimal nahm ich an den Proben teil. Umso unverständlicher ist es mir, dass ich die einzige Viertelpause in dem Stück vergaß und laut hineinschmetterte. Ich weiß nicht, ob es in der Kirche danach noch mal so einen Lachanfall gegeben hat. Wenn ich nicht so braun wäre, wäre ich bestimmt rot geworden. Zum Glück hat es mir mein Freund verziehen.

1970, als ich acht und meine Schwester sechzehn Jahre alt war, stellte sie unseren geschockten Eltern einen langhaarigen Freund vor: Reiner. Mein späterer Schwager sollte in meiner musikalischen Anfangszeit noch eine wichtige Rolle spielen. Ute zog zu ihm und wenn er Samstagabend mit seiner Band auftrat, genoss ich es, bei meiner Schwester fernzusehen, Halma, Mensch ärgere dich nicht und Karten mit ihr zu spielen. Als ich zwölf Jahre alt war, begleitete ich die beiden manchmal in amerikanische Clubs und fühlte mich sehr erwachsen. Niemand von uns ahnte damals, dass ich eines Tages selbst als Musiker auf diesen Bühnen stehen sollte.

EMMA STATT PLAYBOY

Mit drei weiteren Jungs aus Ingersheim wechselte ich auf das Ellentalgymnasium in Bietigheim und bekam von meinen alten Kumpels den Spitznamen *Professor* verpasst. Bei der Dorfjugend musste man sich seinerzeit als einer vom Gymi durchbeißen und beweisen, dass man trotzdem noch dazugehörte.

Hans-Peter erzählte zu dieser Zeit viel von der 68er-Philosophie und dem Ideal der freien Liebe. Leider klafften zwischen den sexualliberalen Idealen meines Bruders und dem realen Verhalten der Mädels auf dem Gymnasium Welten. Sie trugen Rollkragenpullover, Birkenstocksandalen und tranken Tee. Wer ihnen mit Machogehabe kam, holte sich eine spöttische Abfuhr. Gleichberechtigung hieß der Schlüssel zu ihrem Herzen. Und so hat der Hartl, clever wie er war, recherchiert, um zu erfahren, wie interessante Frauen zu beeindrucken sind. Ich las nicht nur den *Spiegel*, sondern auch Alice Schwarzers *Emma*. Seinerzeit war es cool, sie aus der Schultasche herausspitzen zu lassen. So sahen damals Frauenversteher aus!

Die zentrale Frage lautete: »Wer hat schon mal geküsst?«

Ich strengte mich an, cool zu wirken. »Ich.«

So wurde ich zu einer Party für Fortgeschrittene eingeladen, wo ich das Flaschendrehen kennenlernte. Beim Stehblues zu Rod Stewards *Sailing* genoss ich meinen ersten feuchten Kuss. Bis heute wird mir ganz wohlig, wenn ich diesen Song höre. Ich war vierzehn, Susanne zwölf, und sie wusste schon, wie es geht. Wahrscheinlich las sie die *Bravo*. Wir trafen uns drei Monate lang, und ich war stolz und glücklich: Ich hatte eine Freundin! Eines Tages durfte ich – Susannes Mutter staubsaugte vor der Tür – meine Hand zart unter ihren Pulli schieben. Einen Busen in der Hand zu haben war ein atemberaubendes Gefühl.

WEISST DU NOCH

Schubladenfachgeheimnis vergilbtes Stückchen Brief
Fließt durch meine Finger, rüttelt wach, was lange schlief
Zeilen voll Erinnerung von bittersüß bis lieb
Und Blickrichtung nach damals staun ich, was davon alles blieb

Deine Mutter horcht vorm Zimmer
Und wir schmusen durch den Raum
Der allererste Zungenkuss, so feucht wie nachts der Traum
Ein Strom aus Neugier hat die Spannung weiter aufgebaut
Zur ersten Abenteuerreise auf deiner nackten Haut

Weißt du noch, wie die Erde sanft gebebt hat
Weißt du noch, Fingerspitzen, Haut und Haar
Weißt du noch, wie verrückt das Herz geklopft hat
Weißt du noch, wie das war

In den 1990er-Jahren erreichte mich über einen *Pur*-Fanclub ein Brief: »Lieber Hartmut Engler, ich bin ein großer *Pur*-Fan. Auf eurem Konzert habe ich ein Lied gehört, das mich an eine Begegnung erinnert, die ich selbst in meiner Jugend erlebt habe mit einem jungen Mann, der witzigerweise auch Hartmut hieß, dessen Nachnamen ich aber nicht mehr weiß.«

Ich erinnerte mich auch nicht an ihren Nachnamen, aber ich spürte, dass sie es war: Susanne, meine erste Freundin. Ich rief sie an und sie war es tatsächlich. Sie war damals mit ihrer Familie weggezogen und hatte meinen musikalischen Werdegang nicht mitbekommen.

DIE HITPARADE

Ende der 1960er-Jahre hielt auch im Engler'schen Haushalt ein Fernsehapparat Einzug. Ihm verdanke ich meine musikalische Früherziehung bei der ZDF-Hitparade mit Dieter Thomas Heck. Laut sang ich die Lieder mit, die mir gefielen: *Er hat ein knallrotes Gummiboot* von Wencke Myhre und *Wärst du doch in Düsseldorf geblieben* von Dorthe, seit einigen Jahren meine Nachbarin auf Mallorca. Mein Star Number one in dieser Zeit war jedoch mein Bruder. Sein Stern überstrahlte für mich sowohl Bob Dylan als auch das geniale Duo Lennon/McCartney.

Hans-Peter sang als Student in verschiedenen Bands. Einen großen Bruder zu haben, der auf der Bühne lässig seine lange Mähne schüttelte, das fand ich klasse. Und wie er seine Auftritte inszenierte! Einmal schrieb er ein Gedicht über die Zärtlichkeit der Nilpferde, und während er das mit seiner Band *Fallwind* aufführte, lief auf einer Leinwand ein Video: Hans-Peter, der eine Ausbildung zum Tierpfleger absolviert hatte, streichelt ein Nilpferd. Diese Art der Performance innerhalb eines Konzerts inspirierte mich später dazu, dramaturgische und theatralische Momente in die Darbietung einfließen zu lassen. Ein großartiger Lehrmeister für mich war in dieser Kunst Herman van Veen, dessen Auftritte ich einmal an drei aufeinanderfolgenden Tagen in drei Konzerten »studierte«. Es begeisterte mich, wie dieser charismatische Vollprofi geplante Gags und spontane Einfälle ineinander einfließen ließ.

Ein Instrument wollte ich schon immer lernen und bat meine Eltern, ein Klavier zu kaufen.

»Das ist viel zu teuer.«

»Dann eine Gitarre!«

»Mal sehen«, sagte mein Vater.

Da boten unsere Nachbarn in der Siedlung meinen Eltern für dreihundert Mark ein altes Klavier an.

Meine Eltern schnallten den engen Gürtel noch ein Loch enger, kauften das Klavier und finanzierten mir Einzelunterricht. Dafür bin ich ihnen heute noch sehr dankbar.

AUF DEM MOFA ZUM ERSTEN CASTING

In den Sommerferien jobbte ich im Büro der Firma, in der meine Schwester nach ihrer Lehre als Industriekauffrau angestellt war. Ich wollte mir einen großen Wunsch erfüllen: ein Mofa. Mein Glück erhielt schnell einen Dämpfer, denn mehrere Male hintereinander wurden mir meine tollen schwarzen Satteltaschen mit Reißverschluss geklaut. Zweimal erstattete die Versicherung, die mein Vater abgeschlossen hatte, den Verlust. Dann musste ich selber sehen, wo ich blieb.

»Klau dir doch welche«, rieten meine neuen Kumpels aus der Mofaclique und verspotteten mich, weil ich es nicht tat. So merkte ich deutlich, dass ich nicht zu ihnen gehörte, und verließ diese Halbstarken, bei denen es zum guten Ton gehörte, sich mit aufgebrochenen Zigarettenautomaten zu brüsten.

Eine meiner damaligen englischsprachigen Lieblingsbands stammte weder aus Liverpool noch aus Übersee. Für die gymnasiale Schülerband *Crusade* fuhr ich auf dem Mofa fast bis ans Ende der Welt: zum Jugendhaus Beutelsbach. Um auch ja nicht zu spät zu kommen, verließ ich Ingersheim zeitig und wohnte als einziger Konzertbesucher dem Soundcheck bei. Decken zum Dämpfen der Bassdrum fehlten. Ich riss mir den Parka vom Leib und bot ihn als Dämmmaterial an. Der Schlagzeuger stopfte meinen Parka in die Trommel. Eine Ehre für mich! Durch meine spontane Kleiderspende kam ich mit dem Keyboarder ins Gespräch. Ingo war mit seinen fünfzehn Jahren der herausragende Instrumentalist der Band. Ihn umwehte als Einzigen dieser leicht geniale Hauch des großen Künstlers. Ich nahm all meinen Mut zusammen und fragte den großen Ingo, ob er mir Klavierunterricht geben würde: »Bisher habe ich leider nur klassischen Unterricht gehabt. Aber ich singe gern und würde mich auch gern am Klavier begleiten, nicht nach Noten, sondern auf einer Improvisationsebene über Akkordstrukturen und Umkehrungen, Rhythmik und so.«

»Verstehe«, grinste Ingo und gab mir einen Termin. Nach der ersten Stunde bei Meister Ingo ließ ich den klassischen Unterricht sausen – obwohl Ingo meinen Enthusiasmus deutlich bremste: »Ein richtig guter Pianist kannst du nicht mehr werden. Dafür bist du zu alt. Aber für den Hausgebrauch wird es reichen.«

Meine Stimme fand Ingo interessanter als mein Geklimpere. Als ich ihm einen Cat-Stevens-Titel vorsang, lud er mich ein: »Wir suchen gerade einen Sänger für die Band. Komm doch mal zum Vorsingen zu uns. Vielleicht wärst du ja der Richtige.«

So wurde ich, lange vor Sendungen wie *Deutschland sucht den Superstar*, *Popstars*, *X-Factor* und Co. zum Casting geladen und war mächtig aufgeregt. Allein der Proberaum von *Crusade* im Keller der Eltern eines Bandmitglieds erregte meine Ehrfurcht: Mit all den Eierschachteln zur Schalldämmung machte er auf mich als Laien den Eindruck eines Tonstudios. Mit weichen Knien sang ich *Wishing Well* von der Band *Free*.

»Okay«, nickten Ingo und Roland mit Pokerface, wie es sich für eine Castingshow gehört, und baten mich, kurz draußen zu warten. Eine gefühlte Ewigkeit stand ich neben den Heizungsrohren in dem fremden Keller, ehe ich reingeholt wurde, und zwar richtig: »Du bist drin!«, hieß Ingo mich willkommen. Ab sofort gehörte ich zu *Crusade*. Diese Band war die Ur-Formation, aus der sich später *Pur* entwickeln sollte …

Dreimal die Woche schwang ich mich nun abends aufs Mofa und fuhr zum Proben. Zehn Kilometer hin, zehn Kilometer zurück. Nachts ließ ich mir den kalten Wind ins Gesicht blasen und war glücklich, dass ich in so einer tollen Band singen durfte. *Crusade* stand für mich wie für die anderen an erster Stelle. Wir nahmen das, was wir machten, ernst. Wir versäumten keine Probe. Die Band residierte ganz oben in dieser Jungen-Hitparade, noch vor irgendwelchen Mädchen, und wenn das einmal im Schwange der Hormone vergessen worden wäre, hätte derjenige, der vom Blitz getroffen worden wäre, es sicher nicht zugegeben. Wir waren doch *Crusade*, also Kreuzritter! Und wir hatten Großes vor!

DAS ERSTE KONZERT

Was meine Chancen bei Mädchen betraf, glaubte ich fest daran, dass Bühnenauftritte meine Beliebtheit erhöhen würden. Das hatte ich ja bereits getestet bei Mama und den Tanten mit meinen Heintje-Interpretationen. Im Grunde meines Herzens bin ich davon überzeugt, dass jeder Sänger sich der Illusion hingibt, als Frontmann umschwärmt zu werden. Mich umschwärmte nach dem ersten *Crusade*-Konzert allerdings niemand. Der denkwürdige Gig fand anlässlich einer Fete der Schülermitverwaltung SMV im Gymnasium statt, und ich war so intensiv mit meiner Nervosität beschäftigt, dass ich gar nicht wahrnahm, wer uns zuhörte. Gab es da überhaupt Mädchen? Oder war ich aus Versehen auf einem Knabengymnasium gelandet?

Und dann erwischte es mich doch noch. Selbstverständlich ließ ich trotzdem keine Bandprobe ausfallen. Dagmar hatte das gleiche Mofa wie ich. Ich gab Gas und gestand ihr meine Gefühle. Dagmar zog den Bremshebel und verkündete: »Meine Mama hat zu mir gesagt: Wenn der Richtige kommt, dann wirst du es spüren … Ich spüre es aber nicht.«

Für mich brach eine Welt zusammen. Nach einem Fußballtraining stieg ich aufs Mofa und nahm mit dem Mut der Verzweiflung die Abkürzung durch die Weinberge. Wenn mir jetzt was passiert, dachte ich, dann ist Dagmar schuld. Mir passierte dann auch ein bisschen etwas. An meinem Liebeskummer laborierte ich länger herum als an der Schienbeinprellung und dem verbogenen Lenker. Umso klarer stand für mich nun fest, dass ich das Glück leichter in der Musik denn in der Liebe finden würde. In der Band leitete ich einen Richtungswechsel ein. Ich wollte nicht mehr Englisch singen, das kam mir blöd vor. Unter Freunden schwäbelten wir, auf der Bühne machte ich hochdeutsche Ansagen und sang dann in Englisch. Ich wollte Texte singen, hinter denen ich als ganze Person stehen kann. Es gab zwar bereits Eigenkompositionen von *Crusade*, doch den Texten hörte man das Gymnasiastenenglisch deutlich an: Here we're standing on the stage like some monkeys in a cage. Ich wollte Geschichten erzählen in unseren Liedern. Für meine ersten textlichen Gehversuche schrieb ich die Musik selbst. Als Band arbeiteten wir die Lieder dann aus. Später überließ ich das Komponieren komplett Ingo, er kann es einfach besser als ich. Ich konzentrierte mich auf die Texte und die Gesangsmelodien.

1977, ich war gerade mal 15 Jahre alt, entstand mein erster deutscher Text, in dem ich die seinerzeit aktuelle Stammtischdiskussion über die Todesstrafe thematisierte, die durch die RAF-Anschläge in Deutschland ausgelöst wurde.

DER HENKER

Es ist still im Staatsgefängnis, denn soeben wurde ein Mann erhängt.
Er hat ein Kind vergewaltigt und dann getötet, weil das Kind aus Angst zu schreien begann.
Als dieser Fall bekannt wurde, war das Volk sehr entsetzt.
Mit MPs und scharfen Hunden hat man dann den Täter gehetzt
und als er endlich gefasst war, schrie das Volk:
Du Kinderschänder, Kopf ab!

Doch der Täter hinter Gittern war nur hilflos und völlig verstört.
Er müsste sterben, das war allen von vornherein klar.

Spannungsvolle Stille herrschte im Gerichtsgebäude, denn die
Geschworenen betreten jetzt wieder den Saal.
Es ist das Todesurteil, das sie verkünden, während die aufgebrachte Menge hämisch lacht.
Der Mann war geisteskrank, was man bewusst übersah,
denn das Volk muss sein Opfer haben, und das war ja jetzt da.
Man war schnell mit dem Richten,
und es stand schon ein Vollstrecker bereit.

Jetzt tut der Henker seine grausame blutige Pflicht im Namen
des Volkes, das sind wir, darf er morden, gesetzlich gesichert.

Doch die Geschehnisse waren schnell vergessen, bald wusste
keiner mehr von diesem Fall.
Keiner merkte, dass er selbst zum Mörder wurde, weil die
Hinrichtung im Namen des Volkes geschah.
Jetzt tut der Henker seine grausame blutige Pflicht im Namen
des Volkes, das sind wir, darf er morden, gesetzlich gesichert.

Durch die vielen Diskussionen zwischen meinem Bruder und Vater war ich schon in jungen Jahren sehr hellhörig und aufmerksam für gesellschaftliche und politische Themen – als bekennender Willy-Brandt-Fan und überzeugter Pazifist. Das bin ich bis heute geblieben. Selbstverständlich habe ich den Kriegsdienst verweigert. In meiner Begründung griff ich auf eine persönliche Erfahrung zurück. Wir hatten ein Konzert bei einer Faschingsveranstaltung gespielt. Aus der Menge kam ein Maßkrug auf mich zugeflogen, verfehlte meinen Kopf um wenige Zentimeter und schlug eine tiefe Kerbe in den Holzboden.

Aus meiner Begründung meines Antrages auf Wehrdienstverweigerung an den Ausschuss für Kriegsdienstverweigerung beim Kreiswehrersatzamt im Mai 1985:

Ein Betrunkener pöbelte mich auf einer Tanzveranstaltung an und warf wenig später einen steinernen Bierkrug gezielt auf mich und verfehlte mich nur knapp. Ich war wie gelähmt. Die Sinnlosigkeit und die möglichen Folgen dieses Gewaltaktes ließen mich schaudern und ich fand meine Fassung nur langsam wieder. Mich zu wehren, gar zurückzuschlagen, fiel mir später auf, war mir überhaupt nicht in den Sinn gekommen.

Gewaltanwendung war für mich nie ein Mittel zur Konfliktlösung und wird es auch nie sein. Ich fühle mich außerstande, jemandem Gewalt zuzufügen. Gewalt ist mir fremd und ob ich sie in Filmen sehe und in der Zeitung darüber lese, sie macht mich zutiefst betroffen.

Der Henker kam bei unserem Gymnasiastenpublikum hervorragend an. Ab diesem Moment war es für mich klar, dass ich mich nun anspruchsvollen deutschen Texten widmen würde. In dem Stück *Vereint* geht es um Sex und dieser ist gekleidet in eine altertümliche Sprache. Mein voller Inbrunst gebrüllter Orgasmusschrei am Ende des Songs brachte das Publikum zurück in die Gegenwart. Das heute zu hören, zählt zu den wenigen musikalischen Momenten meiner Vergangenheit, die mir ein klein wenig peinlich sind.

Endlich war mir auch die Liebe hold und ich fand eine Freundin. Doch zuerst sah das anders aus. Annette war fünfzehn, ein Jahr jünger als ich, und für mich die schönste Frau an der Schule, wenn nicht sogar der Welt. Deswegen ging ich auch davon aus, dass ich keine Chance bei ihr hätte. Eines Tages beobachtete ich, wie sie von einem Typen mit Auto abgeholt wurde. Das tat weh. Sie schienen mir alle davonzufahren, ob mit Mofas oder Autos. Doch Annette erwiderte meine Gefühle, und wir begannen eine zarte, langsam wachsende Beziehung, so wie sich das in diesem Alter gehört. Eher lieb als wild, und es dauerte zehn Monate, bis »es« zum ersten Mal passierte. Das erste Mal war dann, wie bei so vielen, relativ verkrampft, was auch an dem engen Zeitfenster lag: Das Vereinsleben meiner Eltern bescherte uns zwei Stunden sturmfreie Bude. Wir waren beide so fokussiert darauf, es jetzt endlich hinter uns zu bringen, dass nicht einmal ein Fünkchen Romantik, Erotik oder gar Leidenschaft angeblasen wurde. Und daraus machten die Erwachsenen so eine große Sache! Es sollte noch eine ganze Weile dauern, bis ich herausfand, wie schön Sex sein kann und wie viel an Wundern möglich ist.

BÜRO ODER BÜHNE

An Motivation mangelte es den Kreuzrittern nie, an Geld schon. Für die ersten Auftritte konnten wir über den Musikverein von Ingos Onkel ein Mikrofon leihen. Proben mussten wir anfangs zum Teil ohne Mikrofon, und ich war gezwungen, mit Leibeskräften gegen die Instrumente anzubrüllen, weshalb ich in den ersten Jahren so laut und hoch sang. Anders hätte ich mich selbst gar nicht hören können.

In den Sommerferien arbeiteten die Bandmitglieder, um neues Equipment anzuschaffen. Vier Wochen lang machte ich bei einer großen Gummidichtungsfirma die Ablage und lernte das Büroleben kennen … und hassen. Kaum kam ein Chef rein, beugten sich alle tief über ihre Schreibtische. So wollte ich mein Leben nicht fristen. Wie die meisten Jugendlichen träumte ich von einer Flucht aus dem grauen Alltag, den ich noch gar nicht richtig kannte, aber ihn mir umso trister vorstellte. Die Musik war ein Ausweg für mich. Selbstbestimmt und frei wollte ich leben. So stand schnell fest: Ich sehe meine Zukunft eher im Proberaum und auf der Bühne als im Büro.

Die Jungs und ich, wir hatten das großartige Fünf-Freunde-Gefühl: Wir gegen den Rest der Welt. Unser Hobby schweißte uns zusammen, durch dick und dünn. Wir glaubten daran, anders als die anderen zu sein, wie es die meisten Jugendlichen in diesem Alter tun, und manchmal waren wir auch ein bisschen anders.

Wir arbeiteten für einen gemeinsamen Traum. Unser Ziel war klar, wenn auch der Weg nicht erkennbar war. Wir wollten als Musiker leben. Dabei fühlten wir uns eher zu den Hippies und Freaks hingezogen als zu den Kameraden, die während der Schulzeit schon genau wussten, in welcher Bank sie eine Lehre machen wollten, an welcher Uni sie später BWL, Medizin und Architektur studieren wollten. Unsere Musik schützte uns auch vor irgendwelchen Abstürzen. Klar tranken wir Bier. Aber wir nahmen keine harten Drogen, denn wir brauchten einen klaren Kopf für unser Ziel. Unsere Musik wurde nicht besser, wenn Joints im Spiel waren, wie wir bei Mitschnitten feststellten, auch wenn wir uns das während der Aufnahme einbildeten. Also ließen wir das bleiben.

DIE GRÜNE PFLANZE

Eines Nachts wundersam fiel zur Erde der Mond
Die Sonne flog sogleich herbei und küsste den Mond auf
den Mund
Sonnenflügel Mondesstaub im Erdenschoß

Als die Nacht vorüber war, Sonderbares nun geschah
Ein Samenkorn der Schoß gebar
Das wuchs zur Pflanze wunderbar

Ein Zwerg fand bald tief im Wald die Pflanze grün erblüht
Der Zwerg sank nieder nah bei ihr, sonderbar berührt
Er fühlte sich so hoch wie nie, geheimnisvoll

Oh wie ist mir, dieser Duft! Ihr Zwerge eilt herbei: atmet tief!
Die Pflanze birgt ein kleines Wunder: alles wird auf einmal
bunter!

Als die Sonne Flügel hatte und zur Erde niederflog
Als der Mond vom Himmel fiel und Erde seinen Staub in sich sog
Da entstand die grüne Pflanze
Deren Duft den Geist bedeckt und der Zwerge Neugier weckt

Wenn ich heute mit so einem Text zu meiner Band käme, würde sie wohl den Kopf schütteln. Damals fanden sie ihn genauso gut wie ich. Da wir, alle im selben Alter, auch ähnliche Erfahrungen sammelten, entwickelten wir uns meistens in die gleiche Richtung. Die Band fühlte sich mit meinen Texten genauso wohl wie ich mich mit der Musik. Die Jungs wussten, was ich meinte, weil sie es auch gedacht oder erlebt hatten oder weil sie mich kannten und heraushörten, welche Probleme ich in den Texten verarbeitete. Doch natürlich gab es auch mal einen Text, der durchfiel. Ingo lehnte meine Zeilen über einen Sonntagnachmittag ab, an dem ich im Gras lag, Ameisen beobachtete und Vöglein zwitschern hörte. »Romantische Scheiße!« An einen zweiten solchen Reinfall erinnere ich mich nicht – und das ist bei 140 Songs eine prima Ausbeute für eine Band.

DIE SÖHNE DER HEIMATVERTRIEBENEN

Die fünf Musiker, die später als *Pur* Furore machten, sind bis auf Joe alle Söhne von Heimatvertriebenen. Das hat uns alle geprägt und deshalb verstanden wir uns auch so gut. Bei uns musste niemand daran erinnern: Lass das Licht im Probenraum nicht brennen. Da wurde nicht darüber diskutiert, ob Elektrogeräte im Stand-by-Modus bleiben oder ausgeschaltet werden. Wir kamen alle aus einer Welt. Keiner hatte einen reichen Papa, der uns einen Übungsraum einrichtete oder Instrumente bezahlte. Wir kannten keinen Luxus. Aber wir wussten, wie wichtig ein eigenes kleines Häuschen ist, dass am Samstag die Straße gekehrt wird und am Sonntag keine Wäsche im Garten zu hängen hat.

Als ich in die Band einstieg, litt ich unter dem Minderwertigkeitskomplex, weniger Musiker als die anderen zu sein. Ich spielte kein Instrument. Ich hatte bloß meine Stimme, und die war nicht mal geschult. Alle Augen richten sich auf den Sänger. Wie sieht er aus, wie bewegt er sich, wie ist seine Performance? Mir mangelte es an Selbstbewusstsein. Ich glaubte noch nicht daran, den Platz des Frontmannes ausfüllen zu können und wollte auch ein Instrument. Also stellten wir ein Doppelkeyboard auf die Bühne. Dieser kleine Trick half mir sehr, als hätte ich nun einen Berechtigungsschein als Musiker. Auftritt um Auftritt kämpfte ich mich in meine Rolle des Sängers hinein und arbeitete an meiner Präsenz, die sichtbar besser wurde. Bald war das Doppelkeyboard überflüssig. Ingo stieß einen Seufzer der Erleichterung aus.

Das gute Gefühl, meine Jungs im Rücken zu wissen, gab mir zusätzlich Standing. Es macht mir großen Spaß, gemeinsam etwas zu erschaffen, und im Lauf der Jahre begriff ich meine Stimme als Instrument. Dabei machte ich mir keine Illusionen. Ich hielt mich nie für einen außergewöhnlich begabten Sänger. Doch ich weiß, dass ich unsere Songs gut rüberbringen kann. Ich *bin* die Geschichten, die ich singe.

So lange ich zu Hause nichts von meinen Träumen verlauten ließ, gute Schulnoten schrieb und die Band als Hobby titulierte, hatte ich freie Bahn. Ich wohnte sehr lang bei meinen Eltern im ersten Stock unseres kleinen Häuschens. Finanziell lag ich ihnen nicht auf der Tasche, auch wenn ich keine Miete, lediglich die Nebenkosten bezahlte. Ich jobbte viel, durfte mich allerdings am Kühlschrank bedienen, den Mama großzügig mit Lebensmitteln bestückte, die ich gern aß.

Mein Vater fand meine Entscheidungen oft nicht richtig, doch er stand mir nicht im Weg, sondern vertraute mir. Rückblickend erkenne ich darin meine guten Startbedingungen. Ich musste zu Hause nicht kämpfen. Gekämpft haben die Kreuzritter – *Crusade* schlug sich tapfer von Konzert zu Konzert, und es kamen immer mehr Leute. Die Menschen spürten, dass da eine Band auf der Bühne stand, die nicht reich und berühmt werden, die einfach nur Musik machen wollte. Schön, wenn wir ein bisschen Geld damit verdienten, aber es musste nicht sein. Wir waren alle daran gewöhnt, uns durch Jobs über Wasser zu halten. Außer diversen Studentenjobs hatte ich ein halbes Dutzend Nachhilfeschüler. Zudem bot ich eine Hausaufgabenbetreuung im Jugendhaus von Bietigheim an. Deshalb quälten mich keine Geldnöte. Mein Vater sagte auch niemals den Satz zu mir, den mein Bruder so oft erdulden musste: »So lange du deine Beine noch unter meinem Tisch streckst …«

Wenn wir einen Gig weiter entfernt hatten – zum Beispiel im Jugendhaus in Stuttgart – entwarfen wir davor Plakate, ließen die drucken und klebten sie dann eigenhändig. Schwierig war es manchmal, einen volljährigen Kumpel mit Führerschein und Auto zu ködern, der unser Equipment zum Auftrittsort transportierte. Einen VW-Bus brachten wir locker voll und düsten mit unseren Mofas hinterher – und oft erst in den Morgenstunden zurück. Alle Bandausgaben wurden aus der Bandkasse bezahlt, in die unsere mageren Gagen flossen, wenn wir überhaupt etwas bekamen außer freien Getränken und einer warmen Mahlzeit. In der Bandkasse herrschte meistens Ebbe, weil wir so viele Ausgaben hatten wie Druckkosten für die Poster, ein neues Mikrofon musste her und so weiter.

In den elterlichen Kellern, die als Ersatzlösung für einen Proberaum fungierten, erhielten wir nur befristete Aufenthaltsgenehmigungen. Auch dem tolerantesten Erziehungsberechtigten ging der Lärm dreimal die Woche je vier Stunden auf die Nerven. Obwohl wir den Unmut verstanden – nach außen hört man immer wenig Musik und viel Geräusch, vor allem die Basstrommel und das dumpfe Gewummere des Basses – litten wir zuweilen darunter, dass niemand unsere wahnsinnig starken Songs lobte. Wir waren die Jungs, die Krach machten. Auch im Gemeindehaus in Ingersheim überschätzten wir die Toleranz unserer Mitbürger, und so zog die Karawane weiter. Wann immer wir die Chance hatten, für ein paar Wochen irgendwo unterzukommen, hieß es früher oder später: »Ihr seid zu laut.« Als wir einmal im wahrsten Sinne des Wortes auf der Straße standen, erwirkten wir Kirchenasyl. Der Pfarrer erlaubte uns, im Kirchturm zu üben, direkt unter der Glocke. Dort hinauf führte bloß eine schmale Wendeltreppe.

Der Pfarrer wollte nicht, dass wir unser Equipment in der Kirche ließen, was bedeutete, dass wir es vor der Probe eine Stunde lang hoch und nach der Probe runter schleppten. Nicht mal das Schlagzeug und die massive Orgel durften wir stehen lassen, und mussten noch froh sein, überhaupt eine Bleibe gefunden zu haben. Beim Proben hing die Kirchturmglocke direkt über unseren Köpfen. AC/DC landete einen Welthit mit *Hells Bells.* Wir erlebten damals schon Heavens Bells.

KASERNE UND KONFIRMATION

Unter dem Namen *Moonstone* trat *Crusade* in den Clubs amerikanischer Kasernen auf. *Beerstoned* hätte unser Publikum heißen können, das schwer betrunken und enthemmt grölte: »Hey man, play some AC/DC!« Auch das hatten wir im Programm. Mein Schwager Reiner vermittelte uns diese Auftritte, die uns quer durch Deutschland führten. Die Amerikaner ließen es sich etwas kosten, ihre Soldaten bei Laune zu halten – für uns eine ordentliche Taschengeldaufbesserung. Manchmal spielten wir vor fünf Leuten, manchmal hatten wir Hunderte von Zuhörern und ich rannte mit meinem ersten Sendermikrofon von Tisch zu Tisch, ein wilder Rocker mit langen Haaren. Diese amerikanischen Kasernenclubs dienten uns als »Ausbildungsstätte«. Jedes Konzert eine Feuerprobe. Fünf Stunden gaben wir Vollgas. Von AC/DC bis Zappa coverten wir alles, was uns Spaß machte.

Unser damaliger Gitarrist Rolf Lichtblau fühlte sich mit den Gigs in den amerikanischen Clubs wohler als mit unserer eigenen Musik. Privat ein großartiger Kerl, war Rolf als Bandmitglied schwierig. Eines Tages stellten wir fest, dass wir mittlerweile mehr Zeit mit Diskutieren als mit Üben verbrachten. Wir erklärten Rolf schonend, dass wir lieber ohne ihn weitermachten. Obwohl das nicht einfach für Rolf war, blieben wir Freunde, und ich habe sehr viele sehr schöne Erinnerungen an ihn. Mit wem fährt man schon um Mitternacht mit dem Mofa in den Wald und philosophiert bis zum Morgengrauen auf einem Hochsitz über das Leben, die Liebe und die Musik.

2003 verstarb Rolf an Krebs. Ich konnte mich noch von ihm verabschieden einen Tag vor seinem Tod. Roland und Ingo blieben bis zu seinem letzten Atemzug an seiner Seite.

ROLF ROCKT

Das Bandfoto 1978 hängt noch immer an der Wand
Wir waren damals zu sechst
Er gab so gut wie nie seine Gitarre aus der Hand
Die längste Mähne und den stursten Kopf
Und ein riesengroßes Herz
Er konnte nerven und begeistern und ein Freund sein
Doch dann am Ende stand der Schmerz

All seine Pläne hat der Krebs durchkreuzt
Er musste viel, viel zu früh gehen
Doch seine Träume nahm er mit und wenn ich an ihn denke
Kann ich ihn vor mir sehen

Rolf rockt den Himmel
Rolf rockt mit einer göttlichen Band
Rolf rockt jetzt für alle Engel
Bei freiem Eintritt free drinks und open end

Die Headbanger sind dort gold gelockt
Es gibt Applaus vom Engelschor
Neben ihm Jimi Hendrix auf der Wolkenbühne
Die Beatles, John und George, davor
Doch was ihn sicher am meisten freut

Denn das hat er so vermisst
Ist der Blick auf erste Reihe Wolke neun
Links vorn in Mutters strahlendes Gesicht

Rolf rockt den Himmel …

Du fehlst uns
Wir hoffen, dass jeder Engel dann
Wenn wir dich besuchen, dein Lied auch singen kann

Rolf rockt …

Am Ende des Stücks mischte Ingo alte Aufnahmen von Rolf aus der gemeinsamen Bandzeit unter – als würde Rolf noch ein letztes Mal mit uns spielen. Ich hatte Tränen in den Augen, als ich das hörte.

Für Rolf kam Rudi, der Gitarrist einer befreundeten Band *Mironne*, die sich gerade aufgelöst hatte. In dieser Besetzung wurden wir später zu *Pur*: Roland Bless am Schlagzeug, Rudi Buttas an der Gitarre, Joe Crawford am Bass, Ingo Reidl an den Keyboards. Mit dem Wechsel des Gitarristen löste sich auch unser chronisches Proberaum-Problem. Rudi war im Besitz des Schlüssels für den Heizungskeller vor den Katakomben der evangelischen Paulus-Kirche im Stadtteil Bietigheim-Buch. Hier störten wir keinen. Doch ganz umsonst gab es diesen Raum auch nicht. Wir versprachen dem Pfarrer, den Kirchenchor musikalisch zu begleiten und bei Konfirmationen zu spielen. Als unsere Band allmählich bekannter wurde, wollten manche Kinder unbedingt in dieser Kirche konfirmiert werden, »und nur da, Mama!« Was uns eigentlich freute, hatte auch seine Schattenseiten: Da wir samstagabends meistens Konzerte spielten, erschienen wir häufig mit Augenringen zum Gottesdienst.

TEILZEITSTUDENT

Mit Annette führte ich eine normale, für unser Alter fast schon spießige Beziehung. Annette war ein häuslicher Typ. Sie las gern und viel, und es machte ihr nichts aus, wenn ich abends unterwegs war: »So lange ich ein gutes Buch habe, langweile ich mich nicht.« Ihre Ruhe und Ausgeglichenheit taten mir gut, und ich mochte das behagliche Flair um sie. Alles war so angenehm mit ihr – eine wohltuende Abwechslung zu meinem unruhigen Musikerdasein. Ich war auch gern bei Annettes Familie und sie bei meiner und so zog Annette nach dem Abi zu mir. Dabei war mir allerdings nicht ganz wohl zumute. So richtig festlegen wollte ich mich noch nicht. Ich wusste nicht, wohin mich mein weiterer Lebensweg führen würde. Ob die Band es schaffen würde? Unser Ziel war hoch gesteckt mit Vorbildern wie den Beatles und Artrock-Bands wie Genesis und Yes. Dabei interessierten uns die Begleitumstände von Ruhm und Rubel weniger. Wir wollten einfach gute Musik machen. Im Bandrat wurde beschlossen, dass wir alle »nebenbei« unsere Ausbildungen beenden sollten. Wir würden weiterhin dreimal die Woche proben und mindestens einmal pro Woche live spielen. Keinem von uns mangelte es an Realitätssinn. Wir waren Söhne von Heimatvertriebenen. Uns musste niemand erklären, dass eine Ausbildung wichtig ist. Uns musste niemand darauf hinweisen, dass wir für unsere Zukunft selbst verantwortlich waren.

»Und wenn es doch nicht klappt mit der Musik«, sagte ich,

»dann können wir uns von unseren gelernten Berufen ernähren.« Es gab nichts, was ich mir weniger wünschte.

Wir vereinbarten, nach Möglichkeit in der Nähe unseres Proberaums zu studieren. Rudi hatte seine Ausbildung bereits abgeschlossen und gab Gitarrenunterricht. Roland studierte Elektrotechnik, Joe Flöte und Ingo klassisches Klavier. Ich schrieb mich für Anglistik und Germanistik für das Lehramt am Gymnasium an der Uni Stuttgart Mitte ein. Annette machte eine Ausbildung zur Krankenschwester. Meine Eltern waren zufrieden. Nach außen hin sah alles völlig normal aus. Doch in mir drin, da brodelten wilde Träume von einem freien Leben als Musiker.

Es macht mir Freude, mit Wörtern zu spielen, neue zu erfinden, sie in musikalische Rhythmen zu packen. Auch wenn die Gedichte von Goethe oder Shakespeare keine Rocklyrik sind, kamen sie meinen Neigungen als Texter doch entgegen. Mein Zeitplan als junger Student war straff organisiert. Dienstag-, Mittwoch- und Donnerstagnachmittag verbrachte ich an der Uni, die restliche Zeit drehte sich um Musik, Nebenjobs, Fußball und ein bisschen Annette. Richtig lebendig fühlte ich mich, sobald ich mit meinen Jungs musizierte, am besten live. Heimisch geworden bin ich an der Uni nie. Ich war nicht interessiert daran, dort Freundschaften zu knüpfen. Ich wollte so schnell wie möglich so viel wie möglich lernen, um mich wieder der Musik widmen zu können. Ich machte meine Scheine, bestand die Zwischenprüfung mit 2,0 und war wie viele meiner Kommilitonen enttäuscht davon, wie wenig Pädagogik uns beigebracht wurde. Stattdessen wurden wir mit Fachwissen bombardiert, das als Handwerkszeug für den Lehrberuf kaum taugte. *The english verb in the middleages* gehört nicht unbedingt zur Allgemeinbildung am Gymnasium. Nach einigen Semestern unterhielt ich mich einmal mit meiner Dozentin Gabriele Müller-Trimbusch, später Sozialbürgermeisterin in Stuttgart. Sie hörte mir aufmerksam zu, als ich von meiner Leidenschaft fürs Musikmachen erzählte, und erteilte mir dann folgenden Ratschlag: »Wenn es in Ihrem Leben etwas gibt, was Sie derart begeistert, dann würde ich mir die Uni nicht bis zum Schluss antun. Sie müssen nicht Lehrer werden, wenn Sie etwas anderes haben, auf das Sie bedingungslos setzen.«

Verblüfft starrte ich sie an. So einen Rat hatte ich von meiner Dozentin nicht erwartet!

DIE ERSTE KRISE

Auf die Probe gestellt wurde meine Loyalität gegenüber der Band durch ein verlockendes Angebot, das mir der ehemalige Produzent der *Scorpions* unterbreitete. Dieter Dierks unterhielt ein Tonstudio in Köln und galt als einer der ganz Großen in der Heavy-Metal Szene.

Am Telefon erzählte er mir: »Ich habe eine neue Band in Vorbereitung, sie heißt Bullit, aber der Sänger gefällt mir nicht. Du bist mir empfohlen worden. Ich habe mir ein paar Sachen von dir angehört und würde dich gern persönlich kennenlernen. Komm doch mal zum Vorsingen.«

Neugierig fuhr ich nach Köln. Ein Kontakt zu Dieter Dirks schadete uns bestimmt nicht. Ich dachte Wir. Doch Dieter Dirks war nur an mir interessiert. Ich sang ihm vor, er fand mich klasse und erklärte, worum es ging. »Bullit soll auf unserer Welttournee im Vorprogramm der Scorpions spielen.«

Das Angebot, ein Jahr durch die Welt zu touren und Erfahrungen zu sammeln, klang ausgesprochen verlockend. Ganz zu schweigen von den monatlichen Vorauszahlungen. Doch die Bandmitglieder von *Bullit* reizten mich nicht. Sie sahen aus wie ihre eigene Karikatur in ihren Lederjacken, gestreiften Stretchjeans und mit den langen Mähnen. Getrunken wurde nur Whiskey: Bier ist was für Weicheier.

Wieder zu Hause traf sich meine Band in unserer Pizzeria. Ich berichtete von dem Treffen mit Dieter Dierks. Obwohl alle sehr betroffen waren und ich deutlich spürte, wohin es mich zog, bat ich um eine Nacht Bedenkzeit – die kürzeste meines Lebens, denn wir hatten uns vor der Pizzeria kaum verabschiedet, da kehrte ich schon um. Der Abend endete damit, dass wir uns bei dem einen oder anderen Bier in den Armen lagen.

Am nächsten Tag rief ich Dieter Dierks an und sagte ab. Dieter schnappte nach Luft »So ein Angebot kriegst du nie wieder!«

»Das mag schon sein. Aber ich hab bei mir zu Hause eine Band. An die glaub ich.«

»Na dann. Viel Erfolg.«

»Den werden wir haben«, behauptete ich vollmundig.

Von diesem Glauben hielt mich nichts und niemand ab, auch nicht der Zeitgeist. Wir hörten uns völlig anders an als die meisten anderen Bands. Die waren cool statt romantisch und sozialkritisch, tanzten Pogo und sangen Dadada. Und wir? Wir vertonten Hermann-Hesse-Texte.

SELTSAM IM NEBEL ZU WANDERN

Seltsam im Nebel zu wandern, seltsam so allein
Kein Mensch sieht den andern, er hört ihn nur rufen und schrein
Keiner ist weise, der nicht das Dunkel kennt
Das unentrinnbar und leise von allem ihn trennt
Seltsam im Nebel zu wandern, seltsam so allein

Statt *Crusade* nannten wir Spätromantiker uns nun *Opus.* Die angesagten Bands interessierten mich nicht, bis auf BAP und Grönemeyer. Herberts Texte begeisterten mich, seine Stimme fand ich … gewöhnungsbedürftig. Doch schnell verstand ich, dass er etwas ganz Eigenes ist. Anders als die anderen. Unverwechselbar. Authentisch. Und irgendwann begriff ich: Auch wir haben etwas Eigenes. Leider erkannte das zu diesem Zeitpunkt keine Plattenfirma. So nahmen wir 1983 auf eigene Kosten unter dem Bandnamen *Opus* unsere erste Platte auf, im Tonstudio meines Schwagers Reiner. Es war ein erhebendes Gefühl, als wir unsere frisch gebrannte Vinylscheibe auf den Plattenteller legten, der Arm sich senkte und die ersten Takte erklangen. Diese Platte war unser erstes großes Ziel: ein Dokument unseres kreativen Schaffens.

Der Erfolg in den Kasernen machte uns übermütig und wir mischten eigene Stücke zwischen die Rock-Klassiker. Unsere Befürchtung traf nicht ein, die AC/DC-Rufe übertönten uns nicht. Viele der Soldaten kauften unsere Platte mit dem exotischen »German Kraut Rock«.

FERIEN MIT UDO JÜRGENS

Endlich hatte ich mal einen Ferienjob, der mir richtig gut gefiel, wieder durch die Vermittlung meines Schwagers, der Toningenieur bei der Pepe-Lienhard-Band war, dem Begleitorchester von Udo Jürgens. Vorher war ich in den Semesterferien mehrfach in der Metall verarbeitenden Industrie tätig, in Schicht- und Akkordarbeit und auch am Fließband. Dabei bohrte ich bestimmt Millionen Löcher in Metallringe, von denen ich bis heute nicht weiß, in welchen Maschinen sie landeten. Zudem hatte ich als Beleuchter und Aufbauhelfer bei Dessous- und Bademodenschauen auf der Modemesse in Düsseldorf gearbeitet.

Bei Udo Jürgens war ich nicht nur als Roadie tätig und fuhr einen Lastwagen voller Equipment, sondern bediente bei Konzerten den Verfolger, mit dem ich Udo stets im Lichtkegel einfing. Zu Beginn der Tournee war ich kein Udo Jürgens Fan, auch wenn ich einige Lieder gelungen fand. Am Ende mochte ich das ganze Programm und verstand sehr gut, was die Fans an Udo fasziniert. Ein gewisses Quantum an Pathos gehört einfach zur Gänsehaut dazu und ist in dieser Form für mich auch Kunst.

Udo spielte damals gelegentlich für Gala-Veranstaltungen in Tennisclubs oder mal im Ballsaal eines Nobelhotels. Dort lernte ich eine ganz andere Welt kennen. Das Publikum war weniger zahlreich, dafür umso zahlungswilliger. Da konnte eine Konzertkarte schon mal fünfhundert Mark kosten, mit Dinner, große Teller, wenig drauf. Manche Millionäre waren richtig nett. Dennoch musste ich öfter an einen Spruch von John Lennon denken: »Die Zuschauer auf den billigen Plätzen sollen klatschen. Die anderen können mit den Juwelen klimpern.«

Viele Jahre später hörte ich ein Interview mit Udo im Radio, in dem er sagte, dass er die Band *Pur* sehr gut finde. Einige Wochen später wurden wir uns bei einer Abendveranstaltung vorgestellt.

Udo schüttelte meine Hand und sagte: »Wir kennen uns.«

»Ich bin der Sänger von Pur.«

»Ich weiß. Aber du kommst mir aus einem anderen Zusammenhang bekannt vor. Hilf mir auf die Sprünge.«

»Vor vielen Jahren habe ich als Roadie für dich gearbeitet.«

Daran konnte Udo sich nur noch vage erinnern. Von diesem Tag an erkannte er mich immer sofort, und im Lauf der Jahre führten wir viele gute Gespräche. Bis heute gehört er zu jenen Künstlern, die ich hoch schätze.

VON DER PIKE AUF DIE BÜHNE

Egal wo wir mit der Band spielten, beim nächsten Mal am selben Ort waren mindestens doppelt so viele Leute da. Das machte uns Mut und tat uns gut. Wir wurden immer besser. Aus dem nervösen Jungen in der Rolle des Sängers war ein starker Frontmann und Entertainer geworden, der sich auch mal kostümierte, um seinen Songs mehr Ausdruckskraft zu verleihen. Ich trat als Henker auf und als Penner, Hausfrau, Indianer, Katze. Aufwändige Outfits konnten wir uns nicht leisten. Mein Nazigeneral-Kostüm bestand aus einer alten Militärmütze und einem abgewetzten Lackmantel. Einen typisch deutschen Touristen verkörperte ich in einem Hawaii-Hemd aus dem Sommerschlussverkauf. Viele Songs präsentierten wir mit kleinen Szenen. Ein Lied handelte von einer Sexpuppe. Der Song schaffte es nie auf eine CD, da ohne die Performance niemand begriff, dass hier keineswegs die Rede von einer Frau war. Auf der Bühne wälzte ich mich mit der Puppe herum und ließ ihr bei jedem Gig die Luft raus. Dieser Auftritt kostete mich seltsamerweise weniger Überwindung als der Kauf meiner Bühnenpartnerin in einem Sexhop.

1991 veröffentlichte ich in einem kleinen Verlag in Zusammenarbeit mit der Illustratorin Silke Sauter ein Buch mit *Pur*-Texten. Hier findet sich auch der Sexpuppen-Song.

ZU LANGE EINSAM

Alles friedlich, nur ein Vogel singt
Und du liegst still bei mir
Der Tag erwacht, dein Haar ist echt
Du bist tatsächlich hier
Die Sonne steigt ganz langsam
Der Himmel färbt sich rot
Schon mag ich dich, teuer warst du nicht
Ein Sonderangebot

Schläfst du noch, oder willst du auch
Den Sonnenaufgang sehen
Komm, ich nehm dich mit ans Fenster
Du scheinst mich zu verstehn

Zu lange einsam, völlig isoliert
Frost im Herzen, allzu lange nichts passiert

Deine immerschönen Augen strahlen
Und du lächelst stumm
Diese allererste Nacht mit dir
Schwirrt mir im Kopf herum
Es war zu schön, um wahr zu sein
Zärtlich und charmant
Eh' der Wecker schreit ein letzter Kuss
Auf deine knitterfreie Hand

Nein, ich lass dich nicht allein
Wenn ich geh, nehm ich dich mit
Ich glaub fast, endlich hab ich auch mal Glück

Zu lange einsam, nichts, was berührt
Krank an der Seele, in sich verirrt
Zu lange einsam, völlig isoliert
Frost im Herzen, allzu lange nichts passiert

Ganz behutsam lass ich dann
Die Luft aus dir heraus
Falte dich zusammen
Und pack dich einfach ein

Alles ist jetzt gut
Denn seit ich dich habe
Bin ich nicht mehr so – allein

Wir hatten stets ein gutes Gespür dafür, welche Art von Unterhaltung in welcher Größenordnung funktioniert. Man kann eine Performance, die für zehn Leute geplant ist, nicht vor tausend, zehntausend oder hunderttausend spielen. In diese Größenordnung muss man hineinwachsen und Schritt für Schritt dazulernen. Als *Crusade, Opus* und später *Pur* kletterten wir Sprosse für Sprosse auf der Erfolgsleiter nach oben und gewöhnten uns an die immer dünnere Luft. Das war ein gutes Training, und als wir unsere ersten Gipfel eroberten, ging uns die Luft nicht aus. So wie die Hallen, in denen wir spielten, größer wurden, veränderte sich auch unsere Show. Ausgeklügelte Lichtinszenierungen und Pyrotechnik gehörten dort zum Programm. Doch egal, ob wir ein kleines oder ein großes Konzert spielen: Ich sehe mich immer auch als Verbindung zwischen Band und Publikum. Als Zeremonienmeister möchte ich den Ablauf des Abends steuern. Ich will alle Fäden in der Hand halten und zugleich offen für Spontanes sein.

Unter dem Bandnamen *Opus* erschien 1985 unsere zweite Platte *Vorsicht zerbrechlich.* Da wieder keine Plattenfirma Interesse an uns gezeigt hatte, verfuhren wir wie bei der ersten Platte: Wir finanzierten sie aus der Bandkasse und sobald wir tausend Platten verkauft und unsere Unkosten ausgeglichen hatten, ließen wir nachpressen. Die zweite Opus-Platte brachte uns ins Radio. Frieder Berlin, der heute noch beim Südwestfunk 1 arbeitet, fand den Song *Fallen* so stark, dass er ihn spielte.

FALLEN

Mein Kartenhaus ist wieder eingestürzt
Weil der Wind von mehr als einer Seite kam
All die Farben sind jetzt übermalt
Mir bleibt ein schwarzes Loch und eine Hand

Wenn ich sie hebe, wird sie schwer wie Blei
Und ist nicht fähig, etwas Neues zu bauen
Ich weiß, ich könnte, wenn ich wollte
Doch wollen können kann ich nicht
Mir fehlt der Mut, mich zu trauen

Hinter mir zerschmettert Glas und Porzellan
Vor mir zerspringt der Spiegel, in dem ich mich sonst sehen kann
Und ich steh bebend mitten drin, aber noch lebend mittendrin
Zwischen den Scherben, wohin

Ich mach die Augen zu und lasse mich fallen
Ich hoffe, jemand fängt mich auf
Ich dreh mich im Kreis mit verbundenen Augen
Bis mir jemand die Richtung zeigt

Du bist da und streichst mir übers Haar
Du fängst mich auf wie warmer weicher Sand
Du beatmest mich mit allem, was du bist
Ich fühl die Kraft zurück in meiner Hand

Wenn ich dich so spüre, dann kommt die Welt zum Stehen
Mit dir zusammen könnte ich barfuß durchs Scherbenmeer gehen
Denn die Wunde heilt mit der Zeit
Doch du und ich erleben zu zweit
Trotz aller Scherben, zu zweit

Ich mach die Augen zu und lasse mich fallen
Ich weiß, du fängst mich auf
Ich dreh mich im Kreis mit verbundenen Augen
Bis du mir die Richtung zeigst

Du machst die Augen zu und lässt dich fallen
Und du weißt, ich fang dich auf
Du drehst dich im Kreis mit verbundenen Augen
Bis ich dir die Richtung zeig

Das erste Mal ist für mich immer unvergesslich, egal ob es um eine Frau geht, eine Reise, eine besondere Herausforderung oder den ersten Besuch im Fußballstadion. Ich kann mich an alle ersten Male von etwas Außergewöhnlichem intensiv erinnern. Einer der erhebendsten Momente in der langen Reihe der ersten Male ist für mich jener Augenblick, als alle Bandmitglieder zusammen saßen und unser Song im Radio lief.

»Männer, stellt euch vor, überall, wo ein Radio an ist, hören die Leute jetzt unser Lied«, sagte ich ergriffen.

Joe grinste zufrieden »So kann's grad weitergehen.«

»Und alle, die es gehört haben, sollen zu unserem nächsten Konzert kommen«, fügte Rudi hinzu.

»Und die Platte kaufen«, sagte Roland.

Ingo sagte gar nichts. Saß einfach da, genoss still und strahlte.

Fallen war unser erstes Liebeslied. Auf *Opus I* hatten wir uns Liebeslieder komplett verkniffen. Wir befürchteten nämlich, in die Schlagerecke gerückt zu werden, und da wollten wir auf keinen Fall hin. Wir verstanden uns als politische, sozialkritische Band. Typischer als das Liebeslied *Fallen* war für uns zu dieser Zeit ein Song wie *Labyrinth.* Mit märchenhaften Elementen zu spielen, um etwas aus dem realen Leben auf eine literarische Ebene zu heben oder auch um es verklärter darzustellen, war ein Stilmittel, dessen ich mich auch später gern bediente.

IM LABYRINTH

Es herrschte großer Wohlstand im ganzen Land
Und die Bäuche wuchsen schneller als der Verstand
All die braven Leute fielen in Dornröschenlethargie
Doch all die schlauen Schurken – die schliefen nie

Die bauten sich ganz still und heimlich Machtpositionen
Und bald fing das Ganze an sich kräftig zu lohnen
Damit kein aufgeweckter Prinz das Dornröschenvolk wach küsst
Bebauten dann die Schurken das ganze Land
Mit einem Netz von unsichtbaren Mauern
Aus Gesetzen, Werten und Zwang, aus Moral und Ordnung
und das Volk schrie:
Habt Dank und schlief weiter

Und deshalb stecken wir jetzt
Tief drin im Labyrinth, wo manch einer beginnt
Wach zu werden und zu sehen
Dass die Mauern im Weg stehen
Hier im Labyrinth wo der Aufruhr beginnt
Doch der Aufschrei verhallt, weil er nur auf Mauern prallt

Die Schurken bauten weiter ihre Mauern immer dreister
Doch bald waren sie zu laut die Labyrinthbaumeister
Sie stritten sich mit Oberschurken anderer Länder
Wer wohl die meiste Macht hat und ob Krieg daran etwas ändert

Da wurden einige der braven Bürger wach
Höchste Zeit, fünf vor zwölf, und sie schlugen Krach
Sie machten sich daran, das Labyrinth zu durchlöchern
Licht drang in dunkle Ecken ein
Und es sahen immer mehr die Mauern
Und sie waren schon bald ein kleines Heer
Gegen Gewalt und Machtgier und sie schliefen nicht mehr

Sondern zerstörten das Labyrinth
Ja, sie zerstörten das Labyrinth
Und wenn das Labyrinth zerstört ist
Und die Schurken bloß gestellt

Wenn die Macht beim Volk ist, nur noch Frieden zählt
Wenn das dann in allen Ländern gleichzeitig wär
Dann bräuchte man überhaupt keine Schurken mehr
Die uns einschläfern und den Durchblick verwehren
Die, wenn man nicht aufpasst, in Kriege uns führen

Mit dem folgenden Stück *Glaubst du denn* wurden wir auch politisch aktiv. Es war die Zeit des NATO-Doppelbeschlusses unter Bundeskanzler Schmidt, als in Deutschland Pershing-Raketen stationiert wurden. Landauf, landab demonstrierten Menschen gegen die Aufrüstung. Als Musiker wollten wir nicht bloß stumm mitlaufen. Wir liehen uns kurzerhand einen Traktor mit Anhänger und ein Stromaggregat, fuhren im Demonstrationszug mit, hielten alle paar hundert Meter und spielten vom Anhänger aus unsere Protestsongs.

GLAUBST DU DENN

Glaubst du denn, du bist der Einzige,
der sich Sorgen macht um das, was morgen ist?
Glaubst du denn, nur du allein hast Angst,
dass keine Zukunft ist?
Glaubst du denn, dass etwas besser wird,
wenn du apathisch in dich versinkst
und durch Selbstmitleid und Tränen geschwächt
keine Kraft zum Handeln aufbringst?
Was glaubst du wohl, warum Hunderttausend
auf die Straße gehen?
Und warum glaubst du, kann man Hoffnung
in ihren Augen sehen?
Na, was glaubst du wohl,
die haben doch dieselbe Angst wie du!
Doch die haben verstanden, die haben begriffen,
die schaun nicht länger zu.

Wir sitzen alle im selben Boot
Wir sterben alle denselben Tod

Doch vorher gibt es noch viel zu tun
Gegen diese Angst hilft nicht, sich einfach auszuruhn

Glaubst du denn, dass dein Kopf im Sand dich irgendwie beschützt?
Glaubst du nicht, dass deine Laschheit nur den Angsterfindern nützt?
Schau dich um,
manch einer vergisst seine Angst, weil er für andere was tut
Gemeinsam kann man vieles ändern, gemeinsam hat man Mut

Wir sitzen alle im selben Boot
Wir essen alle vom selben Brot
Wir leiden alle dieselbe Not
Wir sterben alle denselben Tod

Schon ein paar Jahre früher ging ich mit auf die Straße, als ich gegen den Kanzlerkandidaten der CDU/CSU Franz Josef Strauß demonstrierte. Damals erlebte ich zum ersten Mal polizeiliche Gewalt. Mit meinem Parka und den langen Haaren sah ich vielleicht aus wie einer, der auf Krawall gebürstet war. Aber der war ich nicht und fand mich trotzdem mittendrin. Die Situation beim Strauß-Besuch in Ludwigsburg eskalierte, weil aus der Menge unmittelbar hinter mir Eier und Farbbeutel flogen. Ich war nicht beteiligt an dieser Attacke, doch ich stand zur falschen Zeit am falschen Ort und wurde im Pulk mit eingekesselt, bis es mir gelang, durch eine Lücke zu entwischen. Dieses Erlebnis beschäftigte mich noch lange. Ich war nicht gewaltbereit, ich hatte nur eine Meinung: stoppt Strauß!

DER DATIV, DER GENITIV UND PUR

Unser bombastisch anmutender Bandname *Opus* (lateinisch: das Werk) sorgte 1985 für Verwirrung, als eine gleichnamige Band aus Österreich mit dem Song *Life Is Live* einen Welthit landete. Bei einem unserer Konzerte unterließ der Veranstalter es, das Publikum darüber aufzuklären, dass wir die »falschen Opus« waren. Anstatt der erwarteten 100 Besucher würden wir vor rund 800 Leuten spielen. Daran merkten wir, dass die nicht uns meinen konnten. Was tun? In der Garderobe texteten wir eine Coverversion des österreichischen Hits.

Uns lässt jeder Schweinebraten und jedes Schnitzel kalt
Aber zeigt uns einen Joghurt
Dann gibt's für uns keinen Halt
Quark macht stark
Na na, na na na

Wir singen immer dasselbe
30, 40 mal bis es jeder kapiert hat
Ein Hit das ist doch klar
Scheiß bleibt Scheiß
Na na, na na na

Die »echten« Opus-Fans verziehen uns das nicht nur großzügig, es gefiel ihnen sogar und entwickelte sich bei folgenden Konzerten zu einem Running Gag. Viele Jahre später, 2010, standen beide Opus-Formationen gleichzeitig auf einer Bühne. Die einen, die sich mal so genannt hatten, und die anderen, die noch immer so hießen: Die österreichische Band *Opus* zählte auf Schalke 2010 bei *Pur & Friends* zu unseren Gästen. Bei diesem Megaevent lag unsere Umbenennung schon mehr als ein Vierteljahrhundert zurück.

Damals saßen wir eine halbe Nacht in unserer Stammpizzeria und puzzelten an einem neuen Bandnamen herum. Zu meinen abwegigsten Vorschlägen gehörten *Schaum* und *Axolotl*. Ingo sagte »Pur«. Wir spürten alle: Das ist es! In seiner eigentlichen Bedeutung als unverdünnt, rein, direkt, geradlinig, passte »pur« perfekt zu uns. Wenn uns seinerzeit jemand gesagt hätte, dass wir mit dieser Entscheidung den Gebrauch der deutschen Sprache beeinflussen würden, hätten wir das nicht geglaubt. Damals war das Wort nicht geläufig. Man verwendete pur vor allem im Zusammenhang mit Alkohol. Whiskey pur, Wodka pur. Mit dem Erfolg unserer Band gelang auch pur der Durchbruch. In der Zigarettenwerbung gab es plötzlich Abenteuer pur, es gab die Schokolade Merci pur, eine Jugendsendung im ZDF hieß Pur, Krimis boten keine spannende Unterhaltung, sondern Spannung pur und so weiter. In dem Beststeller *Der Dativ ist dem Genitiv sein Tod* von Bastian Sick ist dem Adjektiv pur ein ganzes Kapitel gewidmet, in dem es heißt: »Die Puromanie hat die Werbesprache fest im Griff. Was immer angepriesen wird, erhält den Nachsatz ›pur‹ ... Ob die fünf Musiker aus Bietigheim angesichts des inflationären ›pur‹-Gebrauchs ihre Band heute noch so genannt hätten?«

DRACHEN SOLLEN FLIEGEN

Eines Tages stieg ich die enge Treppe in meine Wohnung im ersten Stock meines Elternhauses hinauf und merkte, dass ich mich gar nicht richtig auf Annette freute. In unserer Beziehung lief es nicht mehr so harmonisch wie am Anfang. Als Student entfernte ich mich von meiner Schülerliebe. Wir hatten immer weniger Gemeinsamkeiten und Gesprächsthemen. Irgendwie passten wir nicht mehr zusammen. Ich wuchs in ein anderes Leben hinein. Annette blieb unserem alten Leben treu. Dies war meine erste Trennung und heute weiß ich, dass ich mich nicht gut benommen habe, weil ich Annette so plötzlich mit meinem Entschluss konfrontierte. Doch ich wollte sie nicht betrügen: Ich hatte mich Hals über Kopf in eine andere verliebt.

Was ich Annette hoch anrechne ist, dass sie, ebenso wie meine erste Frau Ute, bis heute hin und wieder meine Mutter besucht. Und nicht nur das ist geblieben, sondern auch ein Abschiedslied, zu dem Annette und Ute mich inspirierten.

DRACHEN SOLLEN FLIEGEN

Lange her, dass mich was so fieberhaft packt
Ich streife die gewohnte Haut ab und fühl mich wieder nackt
Wollte doch nur kosten, aber hat so gut geschmeckt
Bin abgehoben, losgeflogen, hab gar nichts mehr gecheckt

Bahn frei, es ist nie zu spät
Ich bin viel zu jung
Hey du, geh aus dem Weg
Bin nicht mehr allzu jung

Das Oben war bald innen und das Unten war bald kalt
Alles gab es zu gewinnen, doch dafür gab es keinen Halt
Ich flog aus stumpfen Zonen ohne Lücken im Gesetz
In herzliche Regionen ohne Auffangnetz

Doch du gibst mich nicht frei
Du zerrst an meinem Herz
Und du ziehst an dem Seil
Das uns verbunden lässt

Lass mich endlich fliegen
Kapp die Nabelschnur
Denn Drachen sollen fliegen
Ohne feste Spur

Die Luft ist süß und streichelt
Die schlimmsten Schmerzen weg
Ein Blick in deinen Spiegel zeigt
Ich brauche kein Versteck

Bahn frei, was sein muss, muss sein
Lenken kann ich's nicht
Hey du, ich muss da durch
Bevor zu viel zerbricht

Lass mich endlich fliegen
Kapp die Nabelschnur
Denn Drachen sollen fliegen
Ohne feste Spur

Wow, wer ist denn das? Dachte ich, als ich Ute zum ersten Mal auf einer Studentenfete in Esslingen sah. Sie war klein, blond und ein Wirbelwind. Wir redeten die halbe Nacht und sie tanzte sich in mein Herz. So eine wie sie hatte ich noch nie getroffen. Als Freigeist lebte Ute in dem Hexenhäuschen ihrer Oma in Esslingen. Einerseits war sie flippig und selbstständig und hatte schon viel erlebt. Andererseits war sie sehr lieb, einfühlsam und warmherzig. Ute lud oft Freunde ein, viele Partys stiegen im Hexenhäuschen, und an ihrer Seite lernte ich einen neuen Lifestyle kennen. Ich vergrößerte meinen Radius und fühlte mich enorm bereichert durch die neuen Kontakte. Für meine Verhältnisse lebte ich fast schon aus dem Koffer zwischen Bietigheim, Stuttgart, Esslingen und den vielen Orten, an denen *Pur* auftrat. Ute fand es toll, dass ich nicht nur angehender Lehrer, sondern auch Musiker war. Sie selbst jobbte in einer Kneipe und oft holte ich sie weit nach Mitternacht mit meinem Simca-Kastenwagen ab, der uns als Transportfahrzeug für Bandequipment diente. Manchmal musste ich eine Weile warten, ehe Ute die Abrechnung fertig hatte. So saß ich im Simca und fühlte mich zum Weltumarmen glücklich, in der Vorfreude auf diese wunderschöne Frau, die ich gleich nach Hause fahren durfte. In einer dieser Nächte fiel mir ein Satz ein: Hab mich wieder mal an dir betrunken.

Und das Lied, das sich aus dem Satz entpuppte, klingt so:

Bin so froh, dass es so was für mich gibt
Alles Festgelegte sich so leicht verschiebt
Ansehen, zuhören, völlig leicht gemacht
Nehmen, geben, total unbedacht

Bin so froh, mein Kopf in deinem Schoß
All die schönen kleinen Dinge werden groß
Augen, Hände, feuchter Hauch und dann
Ohne Anfang, ohne Ende, wo fängt der Himmel an

Bin wie berauscht von dir

Hab mich wieder mal an dir betrunken
Hochprozentig Liebesrausch, den schlaf ich mit dir aus
Bin schon ganz und gar in uns versunken
Heiße Haut als Himmelbett, nie mehr voneinander weg

Bin so froh, dein Pulsschlag überall
Grund- und bodenlos gefühlt im freien Fall
Atemerhitzt, süßer Schweiß, war nie so nah bei dir
Hab alles vergessen, nur eins, was ich weiß:
Der Himmel ist jetzt hier

Bin wie berauscht von dir
Hab mich wieder mal an dir betrunken …

Drei Jahre später wurde dieses Lied unser erster Radiohit – ein Meilenstein für *Pur*. Mit der Platte *Pur*, unsere erste mit offiziellem Schallplattenvertrag, fanden wir unseren Stil. Allerdings spielten wir dafür auf Wunsch unserer Plattenfirma eine entschärfte Alternativversion von *Hab mich wieder mal an dir betrunken* ein.

Mein Kopf in deinem Schoß
Alles andere klein, ich und du ganz groß

Doch die Radiosender waren mutiger als die Plattenfirma vermutete. Ich hatte tatsächlich ein bestimmtes Körperteil im Hinterkopf, als ich textete:

Mein Kopf in deinem Schoß
All die schönen kleinen Dinge werden groß

Wenn Mädels im Publikum die Anspielung verstehen, rufen sie manchmal »Huuuh«. Ursprünglich gab es im Text auch eine Zeile »nie mehr voneinander weg, nie mehr auseinander raus«. Das war mir dann selbst zu plump. Es hätte keinen Spielraum für Fantasie gelassen. So poetisch verklärt wie auf unserer allerersten Platte *Opus I* habe ich Sex nie wieder besungen.

Enthülle deinen Venusleib
Dein Blick in meinem Blick verweilt
Nichts ist, was uns jetzt noch abhält
Ich umarm durch dich die ganze Welt

Ein späterer Song *Ganz tief* verschlüsselt ein Sex-am-Strand-Erlebnis. Auf einer anderen Platte findet sich mit *Alice im Wunderland* ein Lied über Sex im Regen, allerdings so getextet, dass man meinen könnte, der Song beziehe sich auf das gleichnamige Märchen. Solche Spielereien bereiten mir Freude. Ich will Platz lassen in den Zwischenräumen für die Gedanken und Bilder unserer Zuhörerinnen und Zuhörer. Meine Texte sollen so offen sein, dass man sie immer auch anders verstehen kann, ob allgemein oder speziell. Wenn in Texten von *Pur* Erotik auftaucht, ist sie verspielt und versteckt, auch wenn ich selbst mich sehr genau an das Gefühl des Regens auf der Haut erinnere.

ALICE IM WUNDERLAND

Die ersten Tropfen auf der Haut
Kleine Pfützen werden wach, spielen große See
Wir halten still und uns ganz fest
Ergeben uns dem Regen
Dem kleinen Hauch von dem, was Leben heißt

Alle Schatten weggespült, wir stehen nass umschlungen da
Ein ganz bescheidener und kleiner Teil vom Wunder, das da
Leben heißt

Alice, ist das das Wunderland
Alice, das Land ist mir bekannt
Alice, es ist nur mein Verstand,
Der es leider meistens übersieht

Jeder Grashalm lacht uns zu
Vom vielen Trinken schon ganz grün
Im Wasserrausch
Wir beide wälzen uns dazu
Unsere Hände spüren, wie Wurzeln in der Erde
Diesen Strom, der Leben heißt

Und um uns herum geschieht
Das große kleine Wunder
Das wir meistens übersehen
Weil wir nie darauf achten, blind vorübergehen

Alice, ist das das Wunderland
Nimm mich ganz fest an deine Hand
Alice, es ist nur mein Verstand
Der nicht kapiert, was uns geschieht

Was mit uns passiert, was mit uns geschieht
Das Wunder, das Leben heißt, das wir meistens übersehen
Weil wir niemals lernten, Wunder zu verstehen

Wir lieben uns im Gras und mit uns geschieht
Das Wunder, das Liebe heißt
Wir lieben uns im Gras und mit uns geschieht
Das Wunder, das Leben macht

DER BUNDESROCKPREIS

Unsere Musik wurde emotionaler. Aus der ehemaligen Studentencombo mit auch politischen Inhalten und der Hoffnung, die Welt zu verändern, war eine Band geworden, die sich sogar Liebeslieder zutraute. Die Sehnsucht nach einer besseren Welt verloren wir dabei nicht; sie verlagerte sich ins Private.

Allmählich wurden wir auch jenseits der Heimat bekannt. Wir hatten sogar Fans auf der Insel Norderney, denn unser Schlagzeuger Roland war ein sehr umtriebiger Booker mit deutschlandweit besten Kontakten. Damals verschickte eine Band Kassetten und die Veranstalter, in unserem Falle meistens Jugendhausleiter, hörten sich die Bänder an und buchten die Bands, die ihnen gefielen. Mundpropaganda spielte eine wichtige Rolle. Viele Jugendhausleiter kannten sich untereinander und oft führten Empfehlungen zu Gigs. Dieses großartige Netzwerk existiert so heute nicht mehr. Jetzt haben die DJs die Fäden in der Hand.

Im Jugendhaus Norderney spielten wir dreimal und dort entstand so etwas wie der erste *Pur*-Fanclub, der uns kurze Zeit später stimmgewaltig unterstützte: 1986 ging es für uns nämlich um den Bundesrockpreis. Wie rund dreitausend andere Bands schickte *Pur* mit Herzklopfen und voller Hoffnung eine Kassette zu diesem Wettbewerb für Amateurbands. Das bange Warten begann. In unserer Lieblingspizzeria diskutierten wir erhitzt unsere Chancen und warfen schon mal versehentlich eine Vase mit Strohblumen um. Ob wir es schaffen? Bestimmt! Niemals! Als wir den Anruf erhielten, dass wir als eine von sieben Bands in der baden-württembergischen Vorentscheidung spielen sollten, waren wir uns einig, dass wir das alle gewusst hatten, mehr oder weniger. Wir gaben alles und gewannen die Teilnahme am Finale in Osnabrück. Unser Fanclub aus Norderney charterte einen Bus, aus Oberarnbach bei Kaiserslautern kam ein weiterer Bus und zwei Busse starteten in unserer Heimat. Gleich bei den ersten Takten unseres Auftritts jubelten die Fans los und überwältigten uns mit ihrem begeisterten Zuspruch. Viele sangen mit, andere schwangen Transparente und der Applaus schien gar nicht mehr enden zu wolllen. Die Jury konnte ihn zumindest nicht überhören. Danke, danke, danke: *Pur* gewann den Bundesrockpreis. Endlich wurden Plattenfirmen auf uns aufmerksam, die uns bislang ignoriert hatten. Doch keiner der Talentscouts bot uns einen Vertrag an. Also schickten wir eine neu aufgenommene Kassette an mehrere Plattenfirmen. Dem für deutsche Musik zuständigen Manager der Plattenfirma Intercord in Stuttgart stattete mein Schwager Reiner einen persönlichen Besuch ab. Reiner glaubte gnadenlos an uns und versuchte es immer wieder.

Charly Rothenburg, so wurde uns später erzählt, reagierte genervt. »Ach Reiner! Du immer mit dieser Schülerband von deinem Schwager!«

»Aber jetzt haben sie den Bundesrockpreis gewonnen! Das musst du dir anhören! Die sind fantastisch.«

Charly seufzte. »Na gut. Lass das Tape da. Aber versprich dir nicht zu viel davon.«

Strahlend verabschiedete Reiner sich und machte uns Hoffnung. »Es kommt jetzt nur darauf an, dass Charly es im richtigen Augenblick anhört. Nicht so zwischen Tür und Angel. Es muss passen. Er muss offene Ohren haben. Dann kann er gar nicht Nein sagen. Die Songs sind einfach zu gut.«

Charly hörte sich das Tape im richtigen Moment an, und er war nicht allein dabei. Mit ihm im Auto saßen der Intercord-

Geschäftsführer Herbert Kollisch und dessen damalige Sekretärin Sylvia. Den Song *Hab mich wieder mal an dir betrunken* spielte Sylvia wieder und wieder ab. »Herbert! Hörst du das? Das müssen wir machen! Hörst du das?«

Herbert hörte. Und nickte. Einige Jahre später war es mir eine Ehre, als Trauzeuge an der Hochzeit von Herbert und Sylvia teilzunehmen.

Als der Plattenvertrag unterschriftsreif vorlag, lud Charly mich zum Essen in ein Nobelrestaurant ein. Ich dachte: Besteck von außen nach innen und konnte mir kaum vorstellen, dass ich was runterkriegen würde. Andererseits: Satt werden würde ich hier sowieso nicht, wenn ich mir die Portionen auf den Tellern ansah. Nach einer kurzen Begrüßung kam Charly auf den Punkt:

»Hartmut, willst du Popstar werden, willst du das wirklich?«

Mit einem solchen Antrag hatte ich bestimmt nicht gerechnet. Doch ich sagte, ohne lange zu zögern »Ja.« Meine Stimme klang dünn.

»Das kriegen wir hin«, entschied Charly locker, als hätte er mich gefragt, ob ich Lust auf Billard hätte.

Auf diesen Schreck bekam ich Hunger. Nach der Aufforderung ruhig mal von unten nach oben zu lesen, erweiterte ich meinen kulinarischen Horizont um eine Erfahrung an Meeresfrüchten.

Mit dem Plattenvertrag fiel meine endgültige Entscheidung zugunsten der Musik. Am Dienstagvormittag unterschrieb ich den Vertrag, am Dienstagnachmittag kehrte ich der Universität den Rücken – für immer. Ich hatte alle Scheine in der Tasche und stand unmittelbar vor der Anmeldung zum ersten Staatsexamen. Die Jungs aus der Band hatten ihr Studium bereits beendet. Ich bin also der einzige studentische Bruchpilot bei *Pur*. Dieses letzte Ja zur Musik war die wichtigste, mutigste und – ja – optimistischste Entscheidung meines Lebens.

Wir waren damals so froh, überhaupt einen Schallplattenvertrag zu ergattern, dass wir allerhand akzeptierten. Dazu gehörte, dass die Plattenfirma außer dem Ankauf unseres fertig produzierten Bandes keine Gegenleistungen bot. Was den Verdienst anging, war der Vertrag alles andere als der Durchbruch für uns. Wir erhielten auch keinen Künstlervertrag, sondern lediglich einen sogenannten Bandübernahme-Vertrag, der uns die Produktionskosten erstattete. Von einem Vorschuss konnten wir weiterhin nur träumen. Dafür stand unsere Platte nun im Plattenladen. Unsere in Eigenregie erschienenen Opus-Platten verkauften wir bei Konzerten weiterhin. Später wurden diese zwei Platten von Intercord als Bandübernahmeverträge ebenfalls eingekauft, als *Pur*-Platten vertrieben und erreichten beide sechsstellige Verkaufszahlen. Der Vorteil für uns lag darin, dass wir nun endlich einen starken Partner im Rücken hatten. Die Fans mussten nicht auf ein Konzert von uns, um eine Platte zu bekommen. Außerdem hatten wir unseren ersten kleinen Radiohit und zwei Fernsehauftritte. Damals gab es ohnehin nur ARD, ZDF und die dritten Programme. Zu den herausragenden Liedern auf der ersten *Pur*-Platte zählt *Bis der Wind sich dreht.* Es war uns äußerst wichtig, beim Thema Nationalsozialismus Stellung zu beziehen. Der Einfluss, den die Nazis über den Zweiten Weltkrieg hinaus auf unser eigenes Leben hatten, sollten und wollten wir nicht vergessen. Die Heimatvertreibungen sind ein Resultat der Nazipolitik.

BIS DER WIND SICH DREHT

Ich bin geduldig, allzeit bereit
Ich warte nur, bis sie wieder anbricht, meine Zeit
Ich war nie tot, ich halt mich versteckt
Bis man endlich wieder meine Nützlichkeit entdeckt

Ich lebe in vielen Herzen fest verankert im Zorn
Durch jeden Türkenwitz wird ein Stück von mir geboren
Massenarbeitslosigkeit haucht mir Leben ein
Ich fresse kleine Löcher ins Gewissen rein

Es fließt der Asylantenstrom, die Stimmung schwärzt sich braun
Die Sprüche in der Kneipe geben Kraft, mich aufzubauen
Bin Meister der Demagogie
Ich hasse klare Köpfe, liebe Massenhysterie

Tanzt nur weiter so, bis der Wind sich dreht
Tanzt nur weiter so, tanzt alles aus dem Weg

Den Geist, den ihr gerufen habt, den werdet ihr nicht los
Ich lege meine Samen in jeden warmen Schoß
Wendet euch nach rechts zum Sprung
Das alles mit dem neuen deutschen Schwung

Zieht euch schöne Kleider an, tanzt meine Sinfonie
Durch euer Beispiel zwinge ich die Zweifler in die Knie
Freuet euch des Lebens, bequem und angenehm
Die Endlösung gibt es für jedes Problem

Tanzt nur weiter so, bis der Wind sich dreht
Tanzt nur weiter so, tanzt alles aus dem Weg

Es fiel mir nicht leicht, meinen Eltern zu erkären, dass ich so kurz vor dem Staatsexamen das Fach wechselte und mich von nun an als Profimusiker definierte. Meine Mutter, *Pur*-Fan der ersten Stunde, vertraute auf meine Einschätzung: »Der Bub wird schon wissen, was er macht.«

Einen solchen Freispruch erhielt ich von meinem Vater erwartungsgemäß nicht: »Naja, du wirst schon sehen, wo das hinführt. Ich hoffe nur, dass du dir dadurch dein Leben nicht zerstörst.«

In der Band ermutigten wir uns gegenseitig, indem wir uns vor Augen hielten, was die Erfahrung der letzten Jahre zeigte: Wir erreichten ein immer größeres Publikum.

»Wenn das im Kleinen klappt, dann muss das doch auch im Großen funktionieren! Wenn zuerst zehn Leute zu einem Auftritt kommen, dann dreißig, dann hundert – dann werden wir irgendwann vor Tausend spielen, das ist doch logisch, Männer!«

»Hat mal einer einen Taschenrechner parat?«, grinste Joe.

Wir brauchten keinen Taschenrechner, um unserer Logik zu vertrauen. Und unser Glaube schenkte uns das nötige Selbstvertrauen.

HOCH HINAUS MIT *TIEFER*

Da ich mit *Pur* immer noch nicht genügend Geld verdiente, um davon leben zu können, sah ich mich nach zusätzlichen Einnahmequellen jenseits des Nachhilfeunterrichts um. Was sprach dagegen, für andere Musiker zu texten? Einen Wunschkandidaten hatte ich sofort: den deutschen Rocker Peter Maffay. Ein gemeinsamer Bekannter stellte mich ihm vor und ich fackelte nicht lang, sondern fiel gleich mit der Tür ins Haus.

»Ich kann ganz gut deutsche Texte schreiben und ich würde das auch gern für dich tun.«

Peter musterte mich auf eine Art, die mir nicht verriet, was er dachte.

Forsch fügte ich hinzu: »Ich finde manche deiner Texte … na ja …«

Peter Maffay sah mich an. Würde er mich hochkant rausschmeißen? »Na ja … was?«, fragte er erneut, ohne eine Miene zu verziehen.

»Ich habe das Gefühl, ich könnte das besser.«

Peter hob eine Augenbraue »Okay. Dann bring was.«

Wir verabredeten, dass er sich melden würde, wenn er Zeit habe. Ich hörte lang nichts von ihm und legte die Geschichte unter »Peinliches« ab. Gleichzeitig war ich stolz auf meinen Mut, ihn angesprochen zu haben, doch vermutlich hatte er nur höflich sein wollen. Aber Peter Maffay ist mehr als höflich. Wenn er was sagt, dann gilt das. Ehrensache. Ich erhielt einen Anruf von seiner Sekretärin zur Terminvereinbarung. Die Anreise nach Tutzing am Starnberger See brachte mich in Verlegenheit. Mit meinem froschgrünen Kadett konnte ich bei diesem Plattenmillionär nicht aufkreuzen. Der würde mich auslachen. Ich brauchte ein standesgemäßes Auto, um Peter auf Augenhöhe zu begegnen. Ich war schließlich kein studentischer Hungerleider beziehungsweise sollte er das nicht von mir denken. Als souveräner Texter gedachte ich aufzutreten. Von meinem Freund Hombré lieh ich mir ein japanisches Sportwagen-Imitat. Weder Peter noch einer seiner Musiker bekam mein tolles Auto zu Gesicht, weil ich es vor dem Seiteneingang geparkt hatte.

Ich erlebte zwei intensive und interessante Tage mit Peter. Wir hörten Demos für Songs an, und Peter erklärte mir, wie er sich die Texte dazu vorstellte. Wenn jemand so genau wie Peter die Inhalte, die er sich in den neuen Songs wünscht, auf den Punkt bringt, gestattet er damit auch einen Blick in seine Welt. Und so lernte ich in diesen zwei Tagen einen interessanten und vielschichtigen Menschen kennen. Nebenbei beobachtete ich, wie Peter sein Büro organisierte, wie er mit seinen Musikern und anderen umging. Hin und wieder gab Peter mir kollegial wertvolle Tipps, wie ich erfolgreich mit Plattenfirmen und Geschäftsleuten verhandeln sollte.

Eine Woche später sollte ich mich erneut in Tutzing einfinden und meine Textvorschläge präsentieren. Den Quatsch mit dem Autotausch, dachte ich bei mir, den lass ich diesmal. Ich fahre mit dem Kadett nach Bayern und parke ihn wieder vor dem Seiteneingang, wo ihn keiner sieht. Gedacht, getan. Ich parkte, klingelte, da kam Peter aus dem Haus. »Hallo! Ich habe einen Mordshunger! Du auch? Lass uns bitte zuerst zu meiner Lieblingspizzeria fahren.«

»Klar«, erwiderte ich. »Gern.« Hunger hatte ich auch.

»Ich hab nur das Motorrad draußen«, meinte Peter. »Kann ich bei dir im Auto mitfahren? Ist nicht weit!«

Mein Puls schoss in die Höhe und ich stammelte: »Also mein Auto … das ist … schon älter und … Da müsste ich auch noch ein paar Sachen umräumen und …«

»Kein Problem«, sagte Peter.

Als wir vor dem grünen Kadett standen, beichtete ich Peter, wie peinlich mir diese Situation war.

Peter antwortete »Mir ist es nicht peinlich. Wenn es dir peinlich ist, dann hast du ein Problem, aber ich habe keines. Ich habe früher auch solche Autos gefahren, mein Freund.«

Nach einer wirklich fantastischen Pizza zeigte ich Peter meine Texte. *Tiefer* las er zuerst. Gespannt wartete ich auf seine Reaktion. Peter grinste: »Mein Freund, es gibt drei Arten von Texten. Die einen finde ich überhaupt nicht gut, und die landen gleich im Papierkorb. Die anderen, bei denen stelle ich fest, dass der Ansatz zwar gut ist, aber wir müssen noch dran arbeiten. Und dann gibt es Texte, die einfach umwerfend sind. Die stimmen. Wie dieser hier. Die Idee *tiefer bei dir* ist genial. Andere hätten *in dir* geschrieben, dann wäre es eine Schweinerei.«

Über diese Worte des Meisters freute ich mich wahnsinnig. Er hatte genau jene Zeile herausgepickt, auf die ich selbst am meisten stolz war: *Nie war ich tiefer bei dir.* Der Song *Tiefer* schaffte es in die Singlecharts und ich verdiente zum ersten Mal einen Haufen Geld.

Viele Jahre später bekamen Peter Maffay und *Pur* beide einen World Music Award in Monte Carlo verliehen. Irgendjemand verwechselte die deutschen Künstler: Peter erhielt unsere Trophäe und wir seine. Als wir es bemerkten, ließen wir es dabei, und so steht heute einer von Peters Auszeichnungen in unserer Vitrine.

Nach der Preisverleihung in Monaco lud ich Peter zu unserem Konzert in der Schalke Arena 2001 ein. Peter drückte meine Hand und sagte: »Wenn ich Zeit habe, bin ich da.«

Und er war da. Ehrensache. Gemeinsam sangen wir *Tiefer* vor 70.000 Fans.

WIE IM FILM

Wie im Film – ein Titel als Programm. Denn so fühlten wir uns 1988 nun manchmal. Wir waren unserem Traum, als Profimusiker zu leben, einen großen Schritt näher gekommen. Unsere Plattenfirma glaubte ebenfalls an uns und stellte uns einen sehr erfahrenen Produzenten zur Seite, der uns an die Spitze bringen sollte. Bislang hatten wir zwar ohne Produzenten gearbeitet, doch wir vertrauten unserer Plattenfirma. Sie war länger im Geschäft als wir und würde bestimmt das Richtige tun. Nun, vielleicht machte das die Plattenfirma auch, doch ihr Konzept passte nicht zu uns. Der Produzent nahm die Platte am Computer auf und ließ uns wissen: »Im Studio brauche ich nur den Sänger.«

Wir waren aber als Band angetreten und als Band wollten wir weitermachen. So hatten wir uns das nicht vorgestellt. Waren wir nun angekommen in der Realität, im knallharten Musikbusiness? Im falschen Film sozusagen? Dann lieber als Lehrer Geld verdienen, war die Band sich einig. Wenn unsere Zukunft so aussehen sollte, dass Computer unsere Instrumente ersetzten, zogen wir es vor, in einem bürgerlichen Beruf unsere Brötchen zu verdienen und in unserer Freizeit zu musizieren. Unser Zusammenhalt und die klare Absage an das neue Konzept überzeugte die Plattenfirma letztlich, obwohl die Platte aus der Produzentenschmiede gut ankam. *Funkelperlenaugen* wurde zum Radiohit, was uns zwar freute, doch was wir hörten, entsprach nicht unserer Vorstellung des Songs. Das Arrangement rückte uns in die Ecke, die damals von der Band *Münchner Freiheit* sehr erfolgreich besetzt wurde, was dazu führte, dass wir spöttisch als Bietigheimer Freiheit tituliert wurden. Auf einmal steckten wir in der Schublade »Schmusepopper« und »Weichspülmusik« – völlig konträr zu dem, was wir live boten und vor und nach dieser Platte veröffentlichten. Wir waren maßlos enttäuscht. Die Söhne der Heimatvertriebenen hatten sich ein wenig zu weit aus dem Fenster gelehnt und zu optimistisch in die Zukunft geblickt, sonst wäre das Erwachen nicht so desillusionierend gewesen. Wir beschlossen, den Dirigentenstab nie mehr aus der Hand zu geben. Bei der nächsten Platte *Unendlich mehr,* 1990, arbeiteten wir mit einem anderen Produzenten: Dieter Falk. Er stellte sich als großartiger Mittler zwischen Plattenfirma und Band heraus und schaffte es, unseren Spirit auch im Tonstudio glänzen zu lassen. Zudem lernten wir durch ihn Studiotechniken kennen, von denen wir bis dato nicht mal gehört hatten. Wir erlebten eine sehr kreative und schöne Zeit mit Dieter. Und das hört man der Platte auch an. Das ist schon *Pur*-Sound. *Pur* pur sozusagen.

Auf *Unendlich mehr* machten die Hörer Bekanntschaft mit einem Mann, der uns noch viele Jahre begleiten sollte: Herr Kowalski. Diese Kunstfigur, die den typisch deutschen Urlauber karikierte, wurde zum Running Gag und taucht auf mehreren Alben auf. Inspiriert wurde ich zu Herrn K. in einem Urlaub mit Ute. Ich war ja immer noch Urlaubsneuling und staunte nicht schlecht, wen man unterwegs alles traf. Mein Nachbar in einer Hotelanlage, der im wahren Leben natürlich nicht Kowalski hieß, erfüllte sämtliche Klischees vom unangenehmen deutschen Touristen: Er trug das obligatorische Bierbäuchlein vor sich her, kombinierte Socken mit Sandalen und fühlte sich sichtlich unwiderstehlich in seinem knallfarbenen Hawaii-Hemd. Kowalski meckerte von früh bis spät. Nachts war es ihm zu laut, tagsüber zu heiß. Uns wollte er als

Zeugen rekrutieren, um die aus seiner Sicht skandalösen Missstände in der Hotelanlage zu dokumentieren und vor Gericht Schadenersatz einzuklagen.

Zu meiner blonden Locke, die in den folgenden Jahren mein Markenzeichen werden sollte, kam ich auch während eines Urlaubs. Neben Ute genoss ich den weichen warmen Sand am Strand einer kleinen griechischen Insel. Hin und wieder tauchten fliegende Händler auf, die kalte Getränke, Handtücher, Schmuck und T-Shirts verkauften. Einer dieser schwarzen Männer mit dem wiegenden Gang fragte mich in geschliffenem Englisch, warum ich keinen Ohrring trage, ich sei doch ein klassischer Ohrringtyp, dass ich keinen trüge, wäre ein regelrechtes Manko, so könne ich nicht weiterleben, ich solle mir jetzt auf der Stelle einen Ohrring von ihm stechen lassen und dann würde ich sofort selber merken, wie schön das Leben sei. Breit grinste er mich an. Seine weißen Zähne in dem schwarzen Gesicht blendeten mich fast.

Ute kicherte. Und meinte: »Recht hat er. Ein Ohrring steht dir bestimmt gut.«

»Die Dame hat einen guten Geschmack«, nickte der Händler und zog eine Pistole aus der Tasche.

»Okay«, ergab ich mich.

Im Lauf des Tages spürte ich allerdings keine Steigerung meiner Lebensfreude, wie auch, Seite an Seite mit Ute glühte sie bereits auf Maximum. Ich fühlte mich eher asymmetrisch. Links der Ohrring, rechts nichts. Abends opferte Ute eine Locke und flocht mir eine ihrer blonden Strähnen ins Haar. Das gefiel mir so gut, dass ich mir ab sofort eine echte wachsen ließ und immer mal nachfärbte.

VOM TANGO ZUM STEHBLUES

Mein Vater war noch nicht mal Mitte 60, als er sich seiner ersten Bypassoperation unterziehen musste. Die Operation war gefährlich, und wir wurden von den Ärzten auf den Ernstfall vorbereitet, dass mein Vater, falls alle Komplikationen auftreten würden, die denkbar wären, diesen Eingriff vielleicht nicht überleben würde.

Wenn mein Vater jetzt sterben würde, hätte er gar nichts von seinem Leben gehabt, dachte ich. Er hat immer nur gearbeitet. Für uns. Für die Familie. An sich hat er nie gedacht, dachte ich.

Später erkannte ich, dass mein Vater genau das gemacht hatte, was er wollte. Er hat eine neue Heimat gefunden und sich dort verwurzelt, eine Familie gegründet und ein Haus gebaut. Er hat das erreicht, was er anstrebte. Er hat sich nicht nach dem Himmel gestreckt, wohl aber nach der Decke, und die hat er berührt. Als ich das begriff, war ich sehr erleichtert. Ich bin stolz auf meinen Vater. Und ich hoffe, dass er es auch war – obwohl er es nicht zeigte.

In den Text *Wenn sie diesen Tango hört* flocht ich einige Bilder aus meiner Familiengeschichte ein. Mit dem Tod hatte ich mich seinerzeit noch nie auseinandergesetzt, schon gar nicht mit dem meiner Eltern. Ich konnte mir die beiden auch nur zusammen vorstellen. Mama ohne Papa und Papa ohne Mama – das ging nicht. Zu unserer großen Erleichterung überstand mein Vater die Operation gut. Die Frage, was wäre gewesen, wenn nicht, beschäftigte mich noch eine Weile. Wie hätte meine Mutter gelebt ohne ihn? Was wäre ihr geblieben … Erinnerungen an durchtanzte Nächte? Der Song *Wenn sie diesen Tango hört* ist ein Meilenstein auf dem *Pur*-Weg. Er kam beim Publikum so gut an, dass er mich darin bestärkte, auch weiterhin persönlich zu werden in meinen Texten. Solche Lieder schreibe ich ohnehin am liebsten, und es macht mich glücklich, wenn ich hin und wieder von Fans höre, dass ich genau die richtigen Worte für ein Gefühl gefunden habe, das sie selbst gut kennen.

WENN SIE DIESEN TANGO HÖRT

Sie sitzt auf ihrem alten Sofa
Aus der Wirtschaftswunderzeit
Zwei Glückwunschkarten auf dem Tisch
Dallas ist längst vorbei
Alles Gute zum Einundsechzigsten
Liebe Omi tschüss und bis bald
Die Kinder sind jetzt groß und außer Haus
Die Wohnung ist oft kalt

Irgendwas hat sie immer zu tun
Sie teilt sich die Hausarbeit ein
Und jeden Abend schaltet sie ab
Und das Fernsehen ein

Das war nicht immer so
Erst seit sie allein ist
Seit ihr Mann starb
Den sie mit feuchten Augen vermisst

Sie hat so gern getanzt mit ihm
Und manchmal wenn's zu sehr weh tut
Legt sie ihre alte Lieblingsplatte auf
Und tanzt ganz für sich

Wenn sie diesen Tango hört
Vergisst sie die Zeit
Wie sie jetzt lebt ist weit, weit entfernt
Wie ein längst verglühter Stern

Aus der Heimat verjagt und vertrieben
Nach Hitlers großem Krieg
Sie hat kräftig mitbezahlt
Für den deutschen Traum vom Sieg
Dann der lange harte Wiederaufbau
Für ein kleines Stückchen Glück
Das lang ersehnte Eigenheim
Kinder für die Republik

Die sollten's später besser haben
Deshalb packte sie fleißig mit an
So blieb ihr oft zu wenig Zeit für sich
Und ihren Mann

Ein ganzes Leben lang zusammen
Gelitten, geschuftet, gespart
Jetzt wär doch endlich Zeit für mehr
Jetzt ist er nicht mehr da

Sie hat so gern getanzt mit ihm …

Wenn ich dieses Lied singe, sehe ich manchmal meine Eltern, wie sie in der SKV-Ingersheim-Halle an mir vorbeischwebten, strahlend als hätten sie sich gerade erst kennengelernt, und Papa wirbelt Mama so wild herum, dass mir schon beim Zusehen schwindlig wird.

Meine Eltern lebten mir vor, dass man sich bei Problemen nicht trennt, dass es immer Lösungen gibt, wenn man es nur will. Die Familie galt als hoher Wert, eine Gemeinschaft, die zusammenhält. Das Thema Scheidung wurde nicht mal diskutiert, und ich glaube, meine Eltern haben es niemals in Erwägung gezogen. Dabei ging es bei uns zu Hause keinesfalls nur harmonisch zu. Meine Eltern waren ein typisches altes Ehepaar, das gern aneinander herummäkelte. Beide hatten spezielle Eigenheiten und darunter gab es welche, die wurden als liebenswürdig tituliert und wohlwollend übersehen, es gab aber auch die anderen. Die Besserwisserei meines Vaters, das Rasenschnippseln. Die strikten Ordnungsvorschriften meiner Mutter, ihre Skepsis gegenüber Fremden und Fremdem. Meine Eltern stritten nur wegen Nichtigkeiten – in den großen Lebensfragen waren sie einer Meinung. Und außerdem hätten sie gar keine Zeit gehabt, sich ausgiebig zu zanken, denn sie waren beide von morgens bis abends damit beschäftigt, eine solide Gegenwart und Zukunft für ihre Kinder aufzubauen. Da war kein Platz für Flausen.

Als Beziehungsideal war mir das zu wenig. Ich hatte andere Pläne: Selbstverwirklichung und so. Mit Ute, glaubte ich, hatte ich die richtige Frau dazu gefunden. Wir hatten in der Zwischenzeit schon einige Prüfungen bestanden und uns auch in Krisen immer wieder gefunden. Was sollte uns noch passieren?

Bei einem Glas Wein saßen wir in unserer Küche – wir wohnten nicht mehr im ersten Stock meines Elternhauses, sondern hatten uns auf deren Grundstück ein eigenes Häuschen gebaut – da hatten wir plötzlich die gleiche Idee: heiraten! In unserem Freundeskreis gab es bislang keine verheirateten Paare.

Ute grinste: »Lass uns die Ersten sein!«

»Das glaubt uns doch keiner!«

»Eben! So macht es noch mehr Spaß.«

Wir wollten keine steife kirchliche Hochzeit, sondern eine tolle Party im Kreis unserer Freundinnen und Freunde und mieteten den Ingersheimer Gemeindesaal. David Hanselmann spielte mit seiner Band für uns. Den Hochzeitswalzer tauschten wir gegen einen Hochzeitsstehblues. *If you don't know me by now* in der Coverversion von *Simply Red*. Ich hatte nicht nur Ute im Arm, sondern auch ein Mikro in der Hand und sang mit David im Duett.

Ute wusste also, wen sie sich da anheiratete und hätte sich ausmalen können, was noch auf sie zukommen sollte …

Obwohl wir am Tag zuvor in der Nachbarschaft um Milde gebeten hatten – »Es kann ein bisschen lauter werden« – rückte gegen drei Uhr morgens die Polizei an. Die Beamten waren freundlich und verständnisvoll. »Ein bisschen leiser«, baten sie augenzwinkernd.

»Man heiratet nur einmal«, erwiderte ich – und daran glaubte ich damals sogar.

BRÜDER

Am 3. Oktober 1990 spielten wir zu dem nigelnagelneuen Feiertag der deutschen Einheit unseren Song *Brüder* von der CD *Unendlich mehr* in Weimar auf dem Marktplatz. Dieser Auftritt kam sogar in die Tagesschau und blieb vielen Brüdern und Schwestern im Osten in starker Erinnerung.

BRÜDER

Wünsche sind so mächtig
Sie kriegen Mauern klein
Auch die letzten kalten Krieger
Sehen das irgendwann mal ein
Grenzen ohne Zäune
Sind da nur das erste Ziel
Die Köpfe sind am Denken
Und kein Herz bleibt dabei kühl

Stell dir vor, dass Brüder endlich Brüder sind
Nie mehr vergossenes Blut, kein Herz mehr blind
Stell dir vor, eine faire Chance für jedes Kind
Spürst du, dass wir damit nicht alleine sind

Listig ist die Lüge
Und die Macht schläft mit dem Geld
Doch der Traum von viel mehr Liebe
Schreit schon lauter in die Welt
Manchmal bin ich traurig
Wenn ich sehe, was wir tun
Doch ich hoffe gegen Hoffnung
Ist kein Menschenherz immun

Stell dir nur vor, so wie zwischen uns zwein
Könnt' es auch zwischen den andern sein
Vielleicht bin ich naiv, vielleicht bin ich ein Kind
Ich hab Angst, mein Herz wird blind
Stell dir nur vor, so wie zwischen uns zwein
Könnte es zwischen ganzen Völkern, ganzen Ländern
Oder sogar zwischen allen Menschen sein

Im Osten kam unsere Musik extrem gut an. Das lag nicht nur an *Brüder*; hier waren die Menschen mit deutschsprachiger Musik aufgewachsen. Ost-Bands wie die Puhdys und Karat wurden seinerzeit auch im Westen gespielt, während Westmusik in der SED-Harmonielehre auf taube Ohren stieß – Englisch galt als Sprache des Klassenfeinds.

ANONYME OPFER

Pur bekam auf viele Lieder positive Resonanz, doch was bei dem Song *Anonyme Opfer* passierte, übertraf alles bislang Dagewesene. Dabei hatte die Plattenfirma den Song zuerst abgelehnt. Einer der Manager, die das Sagen hatten, behauptete: »Solche Lieder gehören nicht auf die Unterhaltungsplatte einer deutschen Popband.«

»Solche Lieder gehören unbedingt auf eine Unterhaltungsplatte einer deutschen Popband«, widersprach Ingo.

»Überlasst diese Themen den politischen Liedermachern«, riet die Plattenfirma.

»Wir wollen, dass auch schwierige Themen auf unseren Platten ihren Platz haben, denn die gehören zu unserem Leben dazu.«

So diskutierten wir noch eine Weile weiter, bis ein Manager sich unmissverständlich ausdrückte: »Dieser Song kommt nur über meine Leiche auf die Platte.«

»Dann warten wir mit der Platte, bis es so weit ist«, entfuhr es mir.

Jeder Manager muss mal Urlaub machen. Entspannen und so. Vielleicht ist es ihm im Urlaub dann tagsüber sogar zu heiß und nachts zu laut. Jedenfalls nutzte Charly Rothenburg die Abwesenheit seines Vorgesetzten, unseren Song durchzuwinken: »Macht euch keine Sorgen, ich übernehme die Verantwortung.«

Nach dem großen Erfolg der CD waren alle glücklich, alle. Wenn der Rubel rollt, stimmt auch die Stimmung in der Plattenfirma.

ANONYME OPFER

Nur ganz langsam fühlt sie sich wohl, wenn er sie in die
Arme nimmt
Denn ihr ständiger Begleiter ist diese Angst, die sie hemmt
Sie braucht ihn doch so sehr, sie stößt ihn trotzdem weg
Wenn er einen Stein aus der Mauer bricht zu ihrem
Kerkerversteck

Sie hat Angst vor Berührung, Angst sich anzuvertrauen
Angst vor Enttäuschung, vor Gewalt gegen Frauen
Sie duldet die Umarmung und bleibt dabei allein
Das Streicheln ist wie Feuer, brennt neue Narben ein
Angst davon zu reden, wie das damals für sie war
Denn Offenheit macht verletzbar, ist Gefahr

Sie ist ein anonymes Opfer, sie schweigt alles in sich rein
Als anonymes Opfer hat sie große Angst, ihren Schmerz ganz
laut wegzuschreien
Gefängnismauern wachsen mit jedem bösen Traum
Und ersticken ihre Zärtlichkeit im liebesleeren Raum
Erinnerung zerfrisst die Seele und hasst den Leib
Und dann das Märchen von der Mitschuld, ewig lockt das Weib

Angst vor Zeigefingern, vor Hinterrücksgeschwätz
Vor der öffentlichen Meute, die sensationsgeil das Opfer hetzt

Anonyme Opfer schweigen alles in sich rein
Anonyme Opfer haben große Angst ihren Schmerz ganz laut
wegzuschrein

Männer sind die Täter, rücksichtslos, gemein
Manchmal ist es schwer, sich nicht zu schämen
Ein Mann zu sein

Die Briefe, die ich zu *Anonyme Opfer* erhielt, zählen zu den bewegendsten Reaktionen auf unsere Musik. Viele Frauen, die mir ihre persönlichen Geschichten schrieben, fügten hinzu, dass sie diese niemals zuvor jemandem anvertraut hätten. Unser Lied habe sie förmlich aufgefordert, endlich darüber zu sprechen. Es ist mir durchaus bewusst, dass ein Text allein die Welt nicht verändert, wenigstens nicht im Großen, wohl aber im Kleinen … und im Kleinen, da fängt alles Große an …

NASHVILLE

Um die neue CD *Nichts ohne Grund* zu mischen, flogen wir 1991 nach Nashville. In der *Music City America* unterhalten alle großen Plattenfirmen Tonstudios. Beim Mischen werden die aufgenommenen Spuren der verschiedenen Instrumente und Stimmen in das richtige Klang-Lautstärke-Verhältnis gebracht. Man rechnet mit einem bis zwei Tagen pro Lied. Im Tonstudio wird sozusagen mit den zur Verfügung gestellten Farben ein Klangbild gemalt. Die Studiotechnik in Amerika und die dortigen Tontechniker waren damals wesentlich professioneller als in Deutschland.

Es war wunderbar warm in Nashville, um die 30 Grad, als wir dort landeten, doch bald schlotterten wir in unseren T-Shirts und kurzen Hosen. In den Studios herrschte ein frisches Klima von 17 Grad. Kaum setzte ich den Kopfhörer auf, sah ich die Bronchitis förmlich vor mir. Sie wohnte in der Aircondition links oben an der Decke. Zwei Tage lang diskutieren wir mit den Tontechnikern, die uns davon zu überzeugen versuchten, dass es überhaupt nicht kalt sei: »Hey guys, are you kidding! It's fucking hot in here!« Überraschenderweise kamen sie uns dann doch zwei Grad entgegen. Damit wir diese Opferbereitschaft nicht vergaßen, wischten sie sich nun recht oft über die Stirn oder pusteten sich Luft ins Gesicht: »It's bloody hot, man!« Wir behielten unsere Strickjacken und Schals trotzdem an, 19 Grad war bestimmt kein Wohlfühlklima für uns. Aber wir waren ja auch zum Arbeiten angereist!

Zwischen all den Tonstudios in der *Music City America* aßen wir in einem mexikanischen Restaurant öfter mal zu Mittag. Eines Tages deutete ein Toningenieur auf ein paar Männer in T-Shirts und kurzen Hosen am Nebentisch, die eher wie Roadies denn wie Popstars aussahen, und fragte: »Kennt ihr die in Deutschland? Das sind die Eagles.«

Einer von uns machte einen Scherz à la »Unsere Ohren wohnen öfter mal im Hotel California.«

Doch wir waren alle ein bisschen durcheinander. Die Eagles! Der Toningenieur lachte und rief den Eagles zu: »Here are some guys from Germany, they just wanna say hello.«

Auf einmal verwandelten wir uns wieder in eine Bietigheimer Schülerband. Hintereinander defilierten wir an den Eagles vorbei, jeder drückte jedem die Hand, sagte das Übliche, *Hi* und *How are you* und *Nice to meet you* und dann stapften wir bedröselt zu unserem Tisch. Die Eagles! Wow, wir haben daheim was zu erzählen!

Einmal arbeiteten wir in dem Raum, in dem *We Are The World* aufgenommen wurde. Wow!

Ein anderes Mal liehen wir uns einen türkisfarbenen offenen Ford Thunderbird und erkundeten das Nachtleben von Nashville. Staunend landeten wir in einer amerikanischen Table Dance Bar ohne Konzession zum Alkoholausschank. Wer ein Bier trinken wollte, brachte sich das selbst mit und zahlte dafür etwas mehr Eintritt. Wenn wir das daheim erzählen … das glaubt uns keiner!

MEIN FREUND RÜDI

Er lebt in einer andern Welt
Es ist schwer, ihn zu verstehn
Und dass er nicht wie andere ist
Das ist ihm wohl auch anzusehen
Schreiben und Lesen ist ihm fremd
Vieles vergisst er, manches nicht
Zum Beispiel Herzlichkeit, die nie
Oh nein, die trägt er stets in sich

Und steht er vor den Boxen und groovt sich langsam ein
Und drückt sich an mein Ohr und flüstert nur: Mein Freund
Dann denk ich, er muss was ganz Besonderes sein

Keiner rockt, wie er das tut
Er hat den Groove total im Blut
Er muss da mit, er grinst vor Glück:
Mein Freund Rüdi lebt Musik

Vor und zurück, er flippt und schwitzt
Oft stundenlang, kennt jedes Lied
Und wer den Tiger tanzen sieht
Vergisst den Zufallsunterschied

Liebe, Chaoten, Kindereien
Da ist was los in seinem Heim
Arbeitet er und fühlt und liebt
Ein kleiner Schritt kann Großes sein

Er drückt mich lieb und lang
Bis bald dann im Konzert
Reich schön berühmt ist plötzlich
Nicht mehr so viel wert
Das Leben, das muss was ganz Besonderes sein

Ich lernte Rüdi Mitte der 1980er-Jahre bei einem Konzert in einem kleinen Club in Heilbronn kennen. Es war heiß, es war stickig und sehr eng. Das Publikum stand bis dicht vor die Bühne gedrängt. Da fiel mir ein junger Mann auf, der wie von einer inneren Feder getrieben wippte. Mit geschlossenen Augen, völlig versunken, schnellte er vor und zurück, vor und zurück. Wenn ich ihn länger beobachtete, wurde mir fast schwindlig. Dieser junge Mann faszinierte mich. Seine Bewegungen waren so kraftvoll, absolut rhythmisch, und sie vermittelten etwas Unaufhaltbares, Unbedingtes. Er wippte die Musik in sich rein, als wollte er jede Faser seines Körpers damit erreichen, als wollte er die Musik durch seinen Leib schwappen lassen. Gegen Ende des Konzerts drängten die Leute von hinten nach vorne und der junge Mann stand nun schon fast auf der Bühne. Sein Wippen wurde wilder und dann schleuderte er den Kopf nach rechts und links und … Ich machte einen Riesensatz und hielt meine Hand zwischen seinen Kopf und Rudis Gitarrenhals. Das war knapp! Rudi und ich wechselten einen Blick, und Rudi versuchte sich noch dünner zu machen, was schwierig war, da er mit dem Rücken schon an Rolands Schlagzeug stand. Der junge Mann hatte es offensichtlich nicht bemerkt, wie knapp er einem schmerzhaften Zusammenstoß mit Rudis Gitarrenhals entkommen war. Er wippte einfach weiter. Unbeirrbar. Unaufhaltsam.

Nach dem Konzert entdeckte ich den begeisterten Tänzer im Gespräch mit einem anderen Mann und ging neugierig zu ihm. Viel erfuhr ich nicht von Rüdi. Sein Betreuer erzählte mir die Geschichte. Rüdi litt an Trisomie 21, auch bekannt als Down-Syndrom, und lebte in einem Heim. Ich hätte mich gern mit ihm unterhalten, doch das war kaum möglich. Rüdi artikulierte schwer verständlich, und sobald ihm ein Satz einigermaßen gelungen war, wiederholte er den immer wieder. Dennoch wollte mir Rüdi an diesem Abend unbedingt etwas sagen. Er brauchte viele Anläufe, kämpfte schwer mit den Worten und es dauerte lang, doch dann verstand ich seine eindringliche Botschaft: »Höre Pur. Immer nur Pur. Dann glücklich.« Und schon wippte er wieder und grinste breit bis zu den Ohren.

Beim Down-Syndrom gibt es verschiedene Ausprägungen. Manche Menschen können damit ein weitgehend selbstständiges Leben führen. Zu ihnen gehörte Rüdi nicht.

Ich wollte mehr über die Lebensumstände dieses liebenswürdigen jungen Mannes erfahren und besuchte ihn in seinem Heim. Acht Behinderte lebten dort unter Betreuung. An Weihnachten kam ich wieder – mit meiner Gitarre. Ich kann zwar nur rudimentär spielen, doch das fiel in der Begeisterung kaum auf. Dies war das kleinste Konzert, das ich jemals gab und es gehört zu den schönsten, denn mein Publikum liebte jeden einzelnen Ton und ließ mich das sehen und spüren. Seither habe ich Rüdi und seine Mitbewohner noch öfter besucht und auch einige Bücher über Trisomie 21 gelesen. So erfuhr ich, was Rüdi mir schon vorgewippt hatte: Viele Menschen mit Down-Syndrom lieben Musik über alles.

Ich wollte einen Text für Rüdi schreiben. Ingo bot mir zur Inspiration ein Stück in rockigem Midtempo an, doch da fehlte mir die Atmosphäre. Auf einmal tauchte der wippende Rüdi in meinem Inneren auf. Ich schrieb »Mein Freund Rüdi liebt Musik«. Nein, das traf es nicht. »Mein Freund Rüdi *lebt* Musik.« Das war's! Ich feilte lang an diesem Text. Jeder Satz, jedes Wort musste stimmen. Auf keinen Fall sollte der Eindruck entstehen, ich wolle mich über Behinderte lustig machen, aber genauso wenig sollte der Text vor Mitgefühl triefen.

Rüdi performte den Song Jahre später mit uns vor 70.000 Zuschauern beim *Pur & Friends-Konzert auf Schalke* 2001. Wir hatten lange überlegt, ob das eine gute Idee sei oder ob die Gefahr bestand, ihn dadurch bloßzustellen. Rüdi jedenfalls, da waren wir uns sicher, würde Spaß haben – und letztlich war es das, was für uns zählte. Die Reaktion des Publikums gab uns recht: Es rockte mit Rüdi. Seither ist Rüdi einige Male mit *Pur* aufgetreten.

Nach der Nummer mit Rüdi brauche ich ein langsames Lied. Wenn Rüdi rockt, dann schafft er mich. Dieses Wippen ist ein Frontalangriff auf die Bandscheiben. Der Song dauert knapp vier Minuten. Vier Minuten High-Speed-Wippen. Ich halte Rüdi bei unseren gemeinsamen Auftritten oft an der Hand, da bleibt mir gar nichts anderes übrig, als mitzuwipppen. Rüdi rockt, und mir geht fast die Luft aus. Rüdi hat genug Luft. An »seiner« Stelle übernimmt er das Mikrofon, das ist der Moment, vor dem sich unsere Tontechniker fürchten, und brüllt aus Leibeskräften:

»Mein Freund Hartmuuuuuuuuuut liebt Musik!«

3 IN 1

1991 erreichte uns ein Anruf von Fritz Rau, dem legendären Konzertveranstalter: »Ich hab noch einen Platz frei bei einem großen Open Air am Hockenheimring mit Tina Turner und den Simple Minds. Wie sieht's aus? Habt ihr Lust?«

Was für eine Frage! Diese einmalige Gelegenheit, neben Weltstars vor 100.000 Zuschauern aufzutreten, wollten wir uns nicht entgehen lassen. Leider hatte die Sache einen Haken: An diesem Tag hatten wir nicht nur ein Konzert, sondern bereits zwei Konzerte. Wir waren stolz auf die logistische Meisterleistung gewesen, zuerst im Ruhrgebiet und dann im Saarland zu spielen. Doch jetzt waren wir wirklich gefordert. Theoretisch war es nicht möglich, einen weiteren Auftritt unterzubringen. Es gelang uns zwar, hin und wieder unser Publikum zu verzaubern, doch hexen konnten wir nicht.

»Sagt doch eins der beiden Konzerte ab«, riet uns jemand.

Wir brauchten nicht mal darüber zu diskutieren. So was würden wir nicht machen. Unsere Fans erwarteten uns, und wir würden da sein.

»Männer, wir werden diese drei Konzerte an einem Tag spielen, koste es, was es wolle!«

Es kostete dann auch einiges, denn wir charterten einen Hubschrauber. Nie vergessen werde ich die Frage, die mich als Neuling outete.

»Wo ist denn hier bitte die Toilette?«, wollte ich vom Hubschrauberpiloten wissen.

»Landen kostet zweitausend extra«, erwiderte er.

Als wir im Helikopter über die gigantische Menschenmenge flogen, fühlte ich mich wie ein Rockstar. War nicht auch Jimi Hendrix mit dem Hubschrauber nach Woodstock geflogen, weil alle Zufahrtsstraßen verstopft waren?

Eine Woche nach dem Auftritt stand mit *Nichts ohne Grund* zum ersten Mal ein Album von *Pur* in den Charts. Als mich die Plattenfirma darüber informierte, nahm ich eine Flasche Sekt aus dem Kühlschrank und fuhr zu Ingo. Erst vor seiner Haustür fiel mir auf, dass ich keine Schuhe trug. Ingo riss die Tür auf, sah mich auf Strümpfen, lachte, dann fielen wir uns in die Arme und weinten vor Glück.

GEWEINT VOR GLÜCK

Dunkel war der Tunnel, eng voll blanker Angst
Die Nerven am Zerfetzen, innerlich verkrampft
Hoffnung fast verloren und doch blieb stets dieses Licht
Ganz weit zwar noch am Ende des Tunnels fest in Sicht
Nie geahnte neue Kräfte freigesetzt
Gespürt, dass nichts, rein gar nichts, den Willen dir ersetzt
Hart gestrampelt, dem hellen Ende nah
Plötzlich alles richtig und plötzlich alles klar

Ich hab geweint vor Glück, geweint vor Glück
Alle Dämme brachen, trotzdem blieb die Katastrophe aus
Geweint vor Glück, geweint vor Glück
Hab mich höchstens meiner Tränen stolz geschämt
Ich hab geweint vor Glück

Mit dem Schicksal gehadert und alle Welt verflucht
Im Meer aus Selbstmitleid ertränkt und so mein Heil gesucht
Zweifels Marterpfeile quer durch Herz und Hirn
Verbissen dagegen angekämpft so gut es eben ging
Lenken lernt nur, wer genügend übt
Jede Menge Fehler, bis nichts die Richtung trübt
Bin angekommen, sei's auch nur am ersten Ziel
Alles ist jetzt richtig und gewonnen ist schon viel

Ich hab geweint vor Glück …

Was war da eigentlich passiert, was hatte uns in die Charts gebracht? War das die Reaktion auf unser Konzert am Hockenheimring, bei dem vielen Leuten erst klar wurde, wer hinter den Liedern steckte, die sie aus dem Radio kannten? *Lena, Prinzessin, Freunde, Hab mich wieder mal an dir betrunken, Funkelperlenaugen.*

Im gleichen Jahr wurde ich in München mit dem Fred-Jay-Preis ausgezeichnet, der deutschsprachigen Liedtextern für besondere Leistungen verliehen wird. Diese Ehrung bedeutete mir viel, sie zeigte mir, dass ich auf dem richtigen Weg war, denn ich bekam hier nicht nur eine Anerkennung von *Pur*-Fans. Da ich keine Ausbildung als Texter absolviert hatte, die es seinerzeit auch nicht gab, war dieses Feedback für mich sehr wichtig. Auf der einen Seite möchte ich unterhalten, auf der anderen will ich sinnvolle Inhalte mitteilen. Ich wünsche mir, dass unsere Zuhörer auch mal angeregt werden, über das eine oder andere nachzudenken, ohne ihnen dabei die Freude an der Musik zu vergällen. Ich wünsche mir, dass unsere Songs nicht nur in die Ohren, sondern auch unter die Haut gehen. Intellektuell wollte ich nie schreiben. Aber intelligent.

Nach Jule Neigel und Rio Reiser war ich der Dritte, dem die Ehre des Fred-Jay-Preises zuteilwurde, später folgten Künstler wie Bruno Jonas, Peter Maffay, Heinz Rudolf Kunze, Xavier Naidoo und Silbermond. Das Preisgeld von 25.000 Mark konnte ich damals gut brauchen. Heute würde ich es spenden. Obwohl wir seinerzeit auf der Erfolgsseite des Musikbusiness angekommen waren, rollte der Rubel noch nicht. Zwischen dem Verkauf von CDs und der Abrechnung kann viel Zeit vergehen. Zudem teilten wir damals durch acht: fünf Musiker, drei Techniker, die durch dick und dünn mit uns gingen und tourten und auch schon dabei waren, als vom Geldverdienen noch lange keine Rede war: Tom Osram Schwielle kümmerte sich um das Licht, Frieder Bär um den Ton und mein Schwager Reiner Nagel um die Bühne. Immerhin verdienten wir nun ein wenig Geld. Wir zahlten uns monatlich 1.500 Mark pro Mann aus und investierten ansonsten kräftig in ein Profi-Equipment.

Den Fred-Jay-Preis feierte ich damals mit meiner Band in der Münchner Musikszene. Viel Schickeria, die ich bislang nur aus dem Fernsehen kannte, mischte sich unter die Gäste. Damals machte im Privatfernsehen gerade Erika Berger als Sexpertin Furore, und ich goss ihr bei der turbulenten Feier aus Versehen ein Glas Rotwein über die weiße Bluse. Später im Hotel merkte ich, dass ich im Taumel der Glückseligkeit den Scheck irgendwo auf der Party vergessen hatte. Ein Anruf beruhigte mich. Er war gefunden worden und wurde mir ins Hotel gebracht.

LIVE IS LIFE

Der Chef unserer Plattenfirma Peter Cadera, der uns oft live gesehen hatte, schlug uns 1991 vor: »Macht doch mal 'ne Live-CD.«

Wir waren skeptisch. Wir hielten uns für nicht gut genug. Und das sagten wir auch ganz offen: »Bands wie Toto können eine Live-CD aufnehmen. Wir sind viel zu schlecht. Wenn wir unsere Mitschnitte anhören, merken wir das jedes Mal. Wir machen zu viele Fehler!«

Das war keine Koketterie, sondern unsere feste Überzeugung. Unsere Messlatte hatten wir selbst ziemlich hoch gelegt. Das spornte uns an. Besonders Ingo als unser herausragender Instrumentalist und musikalischer Kopf erklärte uns immer wieder, dass wir noch lange nicht gut genug waren. Und das fanden wir auch, da wir uns an Vorbildern wie Saga, Rush oder eben Toto orientierten.

Dass die Perfektion, die wir anstrebten, für unser Publikum nicht so wichtig war wie für uns, bewies der durchschlagende Erfolg des Albums. Allerdings bügelten wir nach den Live-Aufnahmen im Studio wenigstens unsere gröbsten Schnitzer aus. Das Ergebnis war in unseren Augen trotzdem alles andere als hitverdächtig. Doch die Leute mochten die Atmosphäre, die rüberkam. Das *Pur*-Feeling griff um sich. Bis dahin war die Band ein Geheimtipp. Nach der Live-CD waren wir in aller Munde. Wochenlang besetzte sie Toppositionen in den Charts. Für die Nummer 1 reichte es nicht ganz, dafür hielt sie sich überdurchschnittlich lang in der Toplist. Bis heute hat sich das Album 1,3 Millionen Mal verkauft. Waren wir jetzt am Ziel? Wir hatten den Preis der deutschen Schallplattenkritik dreimal in Folge erhalten, das eine oder andere Lied lief im Radio und wir spielten in ausverkauften Hallen – die Live-CD war unsere Initialzündung. Wir selbst hielten uns keineswegs für Cracks, doch uns wurde bewusst: Wir haben etwas Besonderes. Ausstrahlung, Aura, Charisma, eine Magie, die das Publikum mit nach Hause nimmt. Ob das an den Texten lag oder der Musik oder eben genau der Art und Weise, wie wir beides miteinander verbinden. *Pur* hatte allerdings nicht nur Fans, sondern auch Kritiker. Mein allerliebster Kritiker nahm mich nach einem Konzert in der Stuttgarter Schleyerhalle beiseite.

»Fandest du's schön, Papa?«, kam ich ihm zuvor und wünschte mir, er würde nichts sagen, vor allem kein Ja, aber. Ich wünschte mir, er würde einfach nur nicken.

Doch selbstverständlich nickte mein Vater nicht. »Ja, natürlich war es schön«, begann er. »Aber …«

Ich seufzte. Selbst nach einem Auftritt vor 13.000 begeisterten Leuten fand mein Vater noch einen Grund für ein Aber.

»… aber es war grausam laut.« Papa grinste breit und ich sah den Stolz und die Freude in seinen Augen aufglimmen.

Eine Woche nach dem Konzert in der Schleyerhalle saß mein Vater beim Friseur. Dort wurde man normalerweise als Sohn angesprochen. *Du bist doch der Sohn vom Johann Engler.*

Mein Vater, der als alter Mann tief verwurzelt in seiner Dorfgemeinschaft war, musste sich jedoch von einem neuen Friseur in seinem altbekannten Salon anhören. »Sie sind doch der Vater vom Hartmut Engler?«

»War der nicht unverschämt, der Friseur?«, fragte mein Vater mich mit gespielter Empörung.

»Total unverschämt, Papa«, bestätigte ich mindestens genauso empört.

Als Sohn meines Vaters ist mir seine Ja-Aber-Haltung nicht fremd. Ehrlich gesagt ist sie mir vertrauter als lieb. Doch ich kämpfe seit Jahren dagegen an, und es ist auch schon ein bisschen besser geworden. Vor allem bei meinen Kindern erinnere ich mich eindringlich daran, das Lob, von dem ich selbst als Kind so wenig zu hören bekam, nicht zu vergessen. Oder zumindest das Lob vor die Kritik zu stellen. Und trotzdem ertappe ich mich gegenüber Freunden und Mitarbeitern immer wieder bei einem »Ja, das habt ihr gut gemacht, aber …« Unser heutiger Schlagzeuger Stoecki brachte das mal auf den Punkt: »Wenn der Hartl nichts sagt, heißt das: Es war klasse!«

SEILTÄNZERTRAUM

Nach dem Erfolg der Live-CD standen wir 1993 vor der Herausforderung, oben zu bleiben. Und wir blieben oben: *Seiltänzertraum* blieb unglaubliche zweieinhalb Jahre lang in den Charts und wurde 1,8 Millionen Mal verkauft. Doch ich war alles andere als glücklich.

Aus London war ich vom Mischen der Seiltänzertraum-CD nach Hause gekommen. Vor der Haustür packte ich die CD aus, um sie Ute zu reichen. Ich freute mich darauf, sie mit ihr gemeinsam anzuhören. Noch dazu hatte ich ein wunderbares Liebeslied für sie geschrieben.

Ich strahlte Ute an: »Schatz, lass uns zusammen die neue CD anhören.«

»Wir müssen reden«, stellte Ute fest und leitete damit nach drei Jahren Ehe und zehn Jahren Beziehung unsere Trennung ein. Seit diesem Moment geht mein Puls hoch, wenn eine Frau zu mir sagt, wir müssten reden.

Ute hatte keinen Popstar gewollt, sondern einen Lehrer, der in seiner Freizeit Musik machte. Ute wünschte sich einen Mann, mit dem sie über ihren Alltag reden konnte – sie arbeitete als Erzieherin. Dazu hätte der Mann erst mal da sein müssen. Doch er war ja immer unterwegs, der Popstar. Ute wollte mir von den Kindern erzählen, die sie betreute. Die kamen mir unwichtig vor im Vergleich zu dem, was ich Großes bewegte. Ute musste doch erkennen, dass das, was ich erlebte, viel wichtiger war: Hör mal Ute, mein neuer Text, hör mal Ute, wo wir nächsten Monat auftreten, rate mal, Ute, wen ich kennengelernt habe, Ute, stell dir vor, Ingo hat …

Ich hätte ein anderer sein müssen als der, der ich jetzt war. Ich hatte mich verändert. Ute hatte sich auch verändert, doch wir blickten nicht mehr gemeinsam in eine Richtung. Ich war kein Macho, doch die Bedürfnisse einer Frau konnte ich nur bis zu dem Grad berücksichtigen, wie das Band-Projekt davon nicht in Frage gestellt oder in irgendeiner Form blockiert wurde. Keine Frau bringt uns von unserem Weg ab. Damals wie heute.

Auf die Bussi-Bussi-Gesellschaft legte ich keinen Wert, doch ich ging gern auf Partys, von denen es nun zuhauf für uns gab, und mir gefielen all die Annehmlichkeiten, die mir plötzlich geboten wurden. Es war alles so neu für mich und deshalb interessant; ich erkannte die Schattenseiten der Prominenz noch nicht, wie auch – geblendet vom Licht. Ute war die »Bussi-Bussi-Welt« der Stars und Sternchen zuwider. Sie ergriff die notwendigen und für sie absolut richtigen Konsequenzen, indem sie mich verließ. Das weiß ich heute. Damals konnte ich es nicht begreifen, warum sie sich von mir trennte, als ich ganz oben stand. Von einem Popstar trennt man sich doch nicht!

Ute wäre nicht glücklich geworden mit dem Leben im Rampenlicht. Die Band war ständig im Fernsehen, im Radio waren wir ohnehin allgegenwärtig, nun nahmen uns auch die großen Print-Medien wahr. *Pur* lernte Promotion. Das gehörte dazu. Ich als Frontmann musste am häufigsten in Kameras lächeln, und in der Anfangszeit machte ich das auch gern, weil es neu war. Die Tournee, die wir in mittelgroßen Hallen begonnen hatten, lief wegen der hohen Nachfrage in großen Hallen weiter. Unser Schlagzeuger Roland schaffte es mit Reiners tatkräftiger Unterstützung und in

Zusammenarbeit mit den Veranstaltern, all das, was über die Bühne gehen sollte, logistisch auf die Bühne zu bringen.

Während Tausende von Menschen mir zujubelten, hatte ich Liebeskummer und versuchte mir nichts anmerken zu lassen. Viele Frauen wollten mich in dieser Zeit trösten, keine konnte meinen Kummer heilen. Mit manchen Frauen unterhielt ich mich stundenlang, und viele erzählten mir ihre Geschichten – ein Vertrauen, das mich tief berührte.

HEIMLICH

Sie kann sich nicht beklagen
Eigentlich geht es ihr doch ziemlich gut
Na ja, sie weiß nach so vielen Jahren fehlt das Feuer
Doch bleibt ihr immer noch
Etwas von der wärmenden Glut

Da sind die ersten kleinen Falten
Auf ihrer immer noch recht jugendlichen Haut
Oh ja, sie hat sich wirklich gut gehalten,
Doch seine seltenen Komplimente klingen viel zu vertraut

Sie ist Hausfrau und Mutter, hat beides gewollt
Doch da war irgendwann auch mal mehr
Manchmal fragt sie sich, war das nun alles
Doch dann räumt sie hinter den Kindern her

Heimlich träumt sie sich fort
Heimlich sucht ihre Liebe den fast schon vergessenen Ort
Wo heimliche Wünsche vergehen
Heimlich in Arme, die zärtlich verstehen

Früher war es anders, sie waren frisch verliebt, das ideale Paar
Er war erfolgreich, dann die Heirat
Und die Zukunft war schon immer völlig klar
Ja sie weiß, was sie hat, doch sie spürt, was ihr fehlt
Und ihr Hunger ist längst nicht gestillt

Sie wischt Staub und bleibt stehen an der Wohnzimmerwand
Vor dem süßen Familienbild

Heimlich träumt sie sich fort …

Und der junge Mann, der sie im Traum besucht
Kümmert sich und betet sie an
Und sie hofft und sie fürchtet den Augenblick
Da sie ihn wirklich trifft, denn – was dann?

Auf der *Seiltänzertraum*-CD befindet sich der einzige *Pur*-Text, den ich nicht selbst geschrieben habe. Ingo arbeitete mit Reinhard Mey an Arrangements für dessen neue CD. So erfuhr ich von dem Text *Der Mann am Fenster*. Zufälligerweise stand Reinhards fünfzigster Geburtstag an und zufälligerweise waren wir bei derselben Plattenfirma Intercord und so entstand der Plan, eine Geburtstags-CD mit einer Auflage von 500 Stück zu brennen, für die *Pur* die Musik für den *Mann am Fenster* schreiben sollte.

Reinhard war über die Maßen begeistert und erlaubte uns, den Song auf unserem Album zu veröffentlichen, was ihm später bei 1,8 Millionen verkauften Exemplaren einen üppigen Ausblick bescherte.

LEB WOHL, PRINZESSIN

Ute war meine Prinzessin gewesen und jetzt war sie weg, und ich musste Promotion machen und stand auf der Bühne und sang *Hör gut zu*, das letzte Lied, das ich für sie geschrieben hatte. Die Performance wurde zur Qual für mich. Zu Gast in einer Radiosendung wurde ich gefragt, für wen diese wunderschöne Liebeserklärung bestimmt sei.

Mühsam hielt ich die Tränen zurück: »Für eine tolle Frau«, sagte ich mit erstickter Stimme.

HÖR GUT ZU

Ich habe gut und gerne fünf Kilo Übergewicht
Ein krummes Ding namens Nase ziert mein Gesicht
Und wie ich an eine Frau wie dich komm, weiß ich nicht

Zwischen himmelhoch jauchzend und zu Tode betrübt
Hab ich dich oft genervt, selten Rücksicht geübt
Doch das ist mir ernst, ich war und bin und bleib: in dich verliebt

Ich zeig dir noch mal meinen alten Trick
Ich sitze am Klavier mit Hundeblick und du weißt, was das heißt

Hör gut zu, du bist mein Glück und ich sing dir meine Lieder
Und ich nehm keins davon zurück
Ich lieb dich immer mehr
Hör gut zu, du bist mein Glück, nicht immer, aber immer wieder
bin ich total durch dich verzückt, du bist mein echtes, pures
Glück

Ich bin dein Tiger, bin dein Häuptling kuschelnder Bär
Die Wahrheit liegt wohl dazwischen
Ein Mann hat's heut eben schwer
Du hast mein Herz gestohlen, gib es nimmer her

Ein Dschungel aus Alltag und wir mittendrin
Ich würd mich dauernd verlaufen, doch du kriegst das hin
Du findest den Weg, unseren eigenen Weg, weil ich bei dir bin

Du kannst mir nie sehr lange böse sein, denn mir fällt immer
noch was Schönes ein für dich und das klingt ganz erstaunlich

Hör gut zu, du bist mein Glück …

Da mich unsere Trennung so tief verletzte, hatte ich lange keinen Kontakt zu Ute. Heute freue ich mich sehr, dass sie einen netten Mann kennengelernt hat, mit dem sie bald nach unserer Scheidung eine Familie gründete.

DER CLUB DER INDIANER

Unser Song *Indianer*, ebenfalls auf der CD *Seiltänzertraum*, wird gern in Kindergärten gespielt. Ich habe ihn sogar einmal in einer eigentümlichen Version als Guggenmusik auf dem Karneval in Basel gehört. Vierzig Leute zogen mit Trompeten und Trommeln durch die Gassen und spielten knapp an der Melodie vorbei. Ursprünglich war dieser Song ganz anders gemeint. Mein Freund Hombré stellte eines Tages fest: »Das sind alles keine echten Schoschonen mehr.« Ich wusste sofort, was er meinte. Vor vielen Jahren hatte Hombré den Club der Schoschonen gegründet, zumindest in seinem Kopf. Schoschonen waren für ihn der Inbegriff der Indianer und zugleich ein Sinnbild für Menschen mit unseren Idealen aus der Jugend: Freundschaft und Friede, Liebe und Mitmenschlichkeit, Miteinander, nicht gegeneinander, und Geld war nur ein Mittel zum Zweck, niemals ein Lebensziel. Klar hofften wir, diese Ideale bewahrt zu haben. Schoschonen bleiben sich treu. Doch es ist schwer, ein Schoschone zu sein in unserer Zeit. Und so fragte mich Hombré eines Tages fast ein wenig sentimental: »Wer gehört überhaupt noch zu unserem Club? Wo sind all die Indianer hin?«

INDIANER

Dieses alte Bild aus der Kinderzeit
Zeigt alle Brüder vom Stamm der Gerechtigkeit
Wir waren bunt bemalt und mit wildem Schrei

Stand jeder stolze Krieger den Schwachen bei
Unser Ehrenwort war heilig, nur ein Bleichgesicht betrog
Und es waren gute Jahre, bis der Erste sich belog

Wo sind all die Indianer hin
Wann verlor das große Ziel den Sinn
So wie Chingachgook für das Gute stehen
Als letzter Mohikaner unter Geiern nach dem Rechten sehn

Der kleine Büffel spielt heute Boss
Er zog mit Papis Firma das große Los
Geschmeidige Natter sortiert die Post
Und in seiner Freizeit sagt er meistens: Prost
Und die Friedenspfeife baumelt überm Videogerät
Wie viel Träume dürfen platzen, ohne dass man sich verrät

Wo sind all die Indianer hin
Wann verlor das große Ziel den Sinn
So wie Chingachgook für das Gute stehen
Als letzter Mohikaner unter Geiern nach dem Rechten sehn

Es gibt noch ein paar wenige vom Stamme der Schoschonen
Die finden sich, erkennen sich am Blick
Und deren gute Taten
Kann man nur durch Freundschaft belohnen
Sie nehmen ein Versprechen nie zurück

Ich selbst bemühte mich, weiterhin zu den Schoschonen zu gehören, obwohl mich der Job so sehr vereinnahmte, dass die Freiheit, die ich mir durch den alternativen Lebensstil eines Berufsmusikers zu schaffen gehofft hatte, von meinem hungrigen Terminkalender verschlungen zu werden drohte.

Mit zeitlicher Verzögerung, wie das üblich ist, floss das Geld, das wir mit der Live-Platte verdient hatten, sowohl was die Gema-Ausschüttung für Ingo und mich als Komponist und Texter angeht, als auch die Tantiemen von der Plattenfirma. Allerdings hatten wir keine Zeit es auszugeben, ja nicht mal Zeit zu begreifen, was da mit uns geschah. Wir arbeiteten rund um die Uhr. Die Nachfrage von Fernsehen, Rundfunk und Presse war phänomenal. Erst auf der nächsten Tour realisierten wir den Sprung nach oben, den wir geschafft hatten. Um die Logistik für die größeren Hallen zu stemmen, mussten wir unser System komplett umstellen, als Band umdenken und uns völlig neu orientieren. Die Zeiten, in denen wir mit dem Bandbus einfach irgendwohin fuhren, waren endgültig vorbei.

Während dieser Tournee brach ich mir den Oberarm. Leider nicht stilgerecht beim Stagediving, sondern beim Grillen im Garten eines Freundes, der wegen einer baulichen Veränderung als Markierung einen niedrigen Drahtzaun gespannt hatte. Ich fiel so unglücklich, dass ich mir einen Trümmerbruch zuzog. Im Krankenhaus bekam ich erst eine Metallplatte eingesetzt, dann eine Hiobsbotschaft. Meine rechte Hand war gelähmt. Niemand konnte mir sagen, ob die Lähmung zurückgehen würde. Drei Monate zitterte ich um meine Hand. Selbstverständlich hielt mich das nicht davon ab, bei unseren Auftritten weiterhin alles zu geben. Nur Autogramme konnte ich nicht schreiben. Meine Jungs nannten mich *Robo-Hartl*, weil ich zusätzlich zu der Schiene am Arm eine Schiene am Bein trug; beim Fußballspielen war ich bei einer Drehung mit dem Fuß im Boden stecken geblieben – Kreuzbandriss.

Durch diese schwere Zeit half mir meine neue Freundin. Ich hatte Claudia bei einem Fernsehauftritt getroffen, wo sie im Publikum saß. Sie war attraktiv, temperamentvoll – und sie lernte mich im Gegensatz zu Ute als erfolgreichen Musiker kennen und fand diesen Lebensstil spannend. Claudia machte das ganze Promi-Drum-und-Dran Spaß. Sie feierte gern mit mir und genoss es rundum, die Freundin von Hartmut zu sein. Sie kündigte ihren Job, zog zu mir und stärkte mir den Rücken. Genau das war es, was ich in dieser stressigen Zeit brauchte. Mit dieser Frau an meiner Seite lief mein Leben weiter auf der Erfolgsspur.

DIE ALTEN MÄNNER IN ROM

Mein Vater, mittlerweile in Rente, ging vormittags gern dem Briefträger entgegen, um ihm die Post für sich und Claudia und mich abzunehmen. So blieb es meinem Vater nicht verborgen, dass ich keine Einladung zur Kirchengemeinderatswahl erhielt. Ohne groß um den heißen Brei herumzureden, sprach er mich direkt darauf an, als ich am selben Abend nach Hause kam.

»Papa, ich sollte dir da was erklären.«

»Dann komm mal mit rein.«

Wir setzten uns an den Küchentisch. In den Augen meiner Mutter las ich, dass sie wusste, welcher Fall nun eingetreten war. Meiner Mutter hatte ich bereits gebeichtet, dass ich aus der Kirche ausgetreten war, und sie nahm das ganz pragmatisch: »Jung, du hast recht. Des is ja viel zu viel, was du da an Steuern zahlen musst.«

Ich hatte das sichere Gefühl, dass der Papst bei meinem Vater sogar über dessen Sparsamkeit residierte. Als wir uns am Tisch gegenübersaßen, fühlte ich mich in die Zeit der Sonntagsdiskussionen zurückversetzt. Gern hätte ich jetzt meinen Bruder Hans-Peter an der Seite gehabt. Doch Argumente wusste ich auch ohne ihn genug. Ich führte sie an. Den Zölibat und die Frauenfeindlichkeit der Kirche, ihre Anti-Haltung in Bezug auf Homosexualität und Kondome und auch den finanziellen Aspekt ließ ich nicht unerwähnt. »Mit dem Geld, das ich im Jahr an Kirchensteuer zahlen würde, könnte ich mir einen eigenen Pfarrer leisten.«

Das fand mein Vater nicht lustig. Er seufzte tief und fragte mehr sich als mich: »Was hab ich falsch gemacht?«

»Du hast nichts falsch gemacht, Papa. Versteh nur bitte einfach, dass ich meine Gründe habe. Ich habe mir das lang und reiflich überlegt. Das hat alles überhaupt nichts mit dir zu tun oder mit eurer Erziehung, und es hat auch nichts mit meinem Glauben zu tun. Es geht mir um die Institution der katholischen Kirche. Die christlichen Werte, die habe ich verinnerlicht. Und ich bin dir dankbar, dass du sie mir vermittelt hast.«

»Hm«, brummte mein Vater.

Meine Mutter wartete im Flur auf mich und drückte mir die Hand, was bedeutete, sie würde nun die Aufgabe übernehmen, meinem Vater zu erklären, dass wegen meines Kirchenaustritts die Welt nicht untergehen würde.

NIE GENUG

Der Pfarrer riss den Jungen am Haar
Und die Ohrfeige saß, weil er unartig war
Vor der ganzen Klasse, Tränen im Gesicht
Das ist längst verziehen, der Junge war ich

Leere Formeln als Gebete getarnt
Vor den Spätfolgen der Onanie gewarnt
Wunderglaube gegen Fantasie
Gehorsame Schäflein fallen auf die Knie

Sie thronen unfehlbar, die alten Männer in Rom
Verbannen die Zweifler und auch das Kondom
Die Lust ist des Teufels aus Angst vor Frauen
Welcher Reichtum an Macht, Armut an Vertrauen

Das Buch der Bücher auf Regeln beschränkt
Was zwischen den Zeilen steht, verdrängt
Habt euch vom Lachen und Lieben und Leben entfernt
Ich hab euch abgestreift und selbst gelernt

In Musik, einer Melodie, die mir Gänsehaut verpasst
In einer Idee, einem Bild, einem wahren Wort
Einem Kuss, der selbstlos macht
Liegt so viel Gott, das liegt in der Luft und das hat so viel Kraft

Davon krieg ich nie genug, jeden Atemzug um Zug
Davon krieg ich nie genug
Ich brauch mehr, mehr als genug
Davon krieg ich nie genug

Die Angst vor der Sünde hat die Freude gelähmt
Die unbändige göttliche Lebenslust gezähmt
Triste Mienen bringen Dunkel ins Licht
Küsst ihr nur den Boden, ich küss lieber dich

In einer Umarmung, einer durchgefühlten Nacht
Liegt so viel Gott, mein Gott, das lieb ich, das hat mich gepackt

Davon krieg ich nie genug …

Das Wort Sexualität wurde von meinen Eltern nicht in den Mund genommen und wenn es sich doch mal durch die Ritzen in den Boxen an Fernseher oder Radio schlich, sah mein Vater gequält in eine Ecke. Als ich dreizehn Jahre alt war, las ich in einer Broschüre der katholischen Kirche, dass Masturbieren das Rückenmark schädige.

»Papa, stimmt das?«, fragte ich ihn.

»Wenn es da steht«, antwortete er, »dann stimmt es auch.«

Als meine Geschwister längst ausgezogen waren, aber noch hin und wieder zum sonntäglichen Mittagsmahl vorbeischauten, fragte mich Hans-Peter einmal zwischen Schnitzel und Kartoffelsalat ganz locker: »Und Hartmut, wie sieht's aus? Hast du jetzt schon mal Sex gehabt?«

Mein Vater rief empört: »Das gehört nicht an den Mittagstisch«, während meine Mutter mir kluges Haushalten zutraute: »Der Bub hebt sich sei Manneskraft für später auf.«

AUSGEBÜXT!

Meine Eltern waren nicht nur überzeugte Katholiken, sondern auch treue SPD-Wähler. Es freute mich, wenn ich ihnen von Menschen berichten konnte, die ihnen etwas bedeuteten, nicht bloß von Stars aus der Medien- und Musikbranche, einer Welt, die ihnen fremd blieb.

Über ein *Pur*-Konzert und eine Wahlkampfveranstaltung lernte ich Rudolf Scharping kennen, der mich eines Tages in Ingersheim besuchte, wo er standesgemäß mit gepanzerter Limousine und zwei Mann SEK-Bewachung vorfuhr. Ich war zu einem Weißwurstfrühstück bei Freunden eingeladen und fragte ihn, ob er Lust hätte, mitzukommen. Rudolf zog sein Jackett aus, hängte es über einen Stuhl und wir machten uns durch Hinterausgang und die Garage in meinem Auto aus dem Staub. Die Security-Leute in der schwarzen Limousine bemerkten die Flucht nicht und so genoss Rudolf zwei Stunden Freigang unter normalen Menschen. Die diebische Freude, ausgebüxt zu sein, stand ihm ins Gesicht geschrieben. Er sah gar nicht mehr aus wie ein Kanzlerkandidat. Niemand von den Gästen erkannte, dass sich ein seinerzeit berühmter Politiker unters Volk gemischt hatte. Vielleicht dachte der eine oder die andere aber auch insgeheim: Mensch, der sieht dem Scharping aber ähnlich!

ABENTEUERLAND

Die *Seiltänzertraum*-Tour war zu Ende, wir hatten sehr oft live gespielt und so viele Promotiontermine wie nie zuvor absolviert. Das Rad muss sich weiter drehen. Wir fragten uns nicht, warum. So war es einfach. Wir waren selbst kleine Räder in einem großen Getriebe, und die Erwartungshaltung war enorm, obwohl niemand ernsthaft daran glaubte, dass wir den Erfolg von *Seiltänzertraum* ein zweites Mal erreichen oder gar toppen könnten. Im Herbst 1994 saß ich an den Texten für die neue CD. Wieder und wieder hörte ich mir die Songs an, manche in Fragmenten, die Ingo mir gebracht hatte. Alles, was ich bisher getextet hatte, ging mir leicht von der Hand. Und nun fiel mir nichts ein. Ich stand unter Druck. Wir mussten nachlegen. Und es musste schnell gehen. Für unsere Verhältnisse schon geradezu euphorisch hatten wir für die nächste Tour die großen Hallen gebucht. Mir musste etwas einfallen. Etwas wirklich Gutes, etwas Sensationelles. Mir fiel aber nichts ein. Gar nichts.

Die Band rief mich an. »Und Hartl? Wie läuft's?«

»Gut«, sagte ich knapp. Ich wollte niemanden beunruhigen.

Auch die Plattenfirma machte Druck. »Alles klar, Hartmut?«

»Alles klar«, sagte ich. Doch in Wirklichkeit war nichts klar. Ich befürchtete, in die erste Schreibblockade meines Lebens zu schliddern.

»Und wie kommst du voran?«, fragte Ingo.

»Bald hab ich was«, sagte ich und hatte noch immer nichts, wovon ich wirklich überzeugt war.

Immer wieder hörte ich mir den Refrain des namenlosen Songs an, der später unser bekanntester werden sollte.

Irgendwann verschanzte ich mich auf dem Dachboden und blätterte dort in alten Aufsatzheften. Staunend las ich, was dem Schuljungen Hartmut zu den verschiedensten Themen eingefallen war. Dass ich das alles vergessen hatte! An Fantasie hatte es mir nie gemangelt. In einem Aufsatz war die Rede von einem Füllfederhalter in einem Geschäft, der sehnsüchtig darauf wartete, gekauft zu werden ... Ich zögerte ... Ich grinste. Und dann kaufte ich diesen Füllfederhalter, der seit Jahrzehnten im Dachboden auf mich gewartet hatte. Der kleine Junge, der ich einmal war, zwinkerte mir zu, ergriff meine Hand und zog mich mit sich.

»Wohin?«, fragte ich.

»Komm mit, ich zeige dir das Abenteuerland.«

Alle, die das Demo hörten, waren begeistert. Und wir selbst spürten es mit jeder Faser: Das ist eine starke Nummer. Unser Publikum fand das auch. *Abenteuerland* ist nach wie vor unser bekanntestes Album und als wir die Verkaufszahlen sahen, konnten wir es kaum glauben. In der ersten Woche hielten wir mehr als 50 Prozent Marktanteil. Das heißt, jeder Zweite, der in diesen Tagen in einem Plattenladen Geld ausgab, kaufte eine *Pur*-CD. Das war für mich unfassbar. Ich wollte es mit eigenen Augen sehen, zog mir eine Mütze tief ins Gesicht und fuhr zu einem Plattenladen. Die Leute kamen in den Laden und griffen zielstrebig zu dem Stapel mit den *Pur*-CDs. Die Merchandising-Abteilung wollte teilhaben an diesem Hype und kreierte witzige Fanartikel, sogar eine Abenteuerland-Bettwäsche.

Wir verkauften *Abenteuerland* 2,5 Millionen Mal. Mehr ging nicht. Diese Zahlen werden auch nie mehr überboten werden. In den Zeiten des Internets sind solche Ergebnisse selbst für Spitzenbands illusorisch.

ABENTEUERLAND

Der triste Himmel macht mich krank
Ein schweres, graues Tuch
Das die Sinne fast erstickt
Die Gewohnheit zu Besuch

Lange nicht mehr aufgetankt
Die Batterien sind leer
In ein Labyrinth verstrickt
Ich seh den Weg nicht mehr

Ich will weg, ich will raus, ich will – wünsch mir was
Und ein kleiner Junge nimmt mich an die Hand
Er winkt mir zu und grinst:
Komm hier weg, komm hier raus, komm ich zeig dir was
Was du verlernt hast vor lauter Verstand

Komm mit, komm mit mir ins Abenteuerland
Auf deine eigene Reise
Komm mit mir ins Abenteuerland
Der Eintritt kostet den Verstand
Komm mit mir ins Abenteuerland
Und tu's auf deine Weise
Deine Fantasie schenkt dir ein Land: das Abenteuerland

Neue Form, verspielt und wild
Die Wolken malen ein Bild
Der Wind pfeift dazu dieses Lied
In dem sich jeder Wunsch erfüllt

Ich erfinde, verwandle mit Zauberkraft
Die Armee der Zeigefinger brüllt: du spinnst
Ich streck den Finger aus
Ich verhexe, verbanne, ich hab die Macht
So lange der Kleine da im Spiegel noch grinst

Komm mit mir ins Abenteuerland …

Peter Pan und Captain Hook mit siebzehn Feuerdrachen
Alles kannst du sehen, wenn du willst
Dornenvögel, Urgeschrei, Engel, die laut lachen
Alles kannst du hören, wenn du willst

Du kannst flippen, flitzen, fliegen und das größte Pferd kriegen
Du kannst tanzen, taumeln, träumen und die Schule versäumen
Alles das ist möglich in dir drin in deinem Land
Trau dich nur zu spinnen, es liegt in deiner Hand

Komm mit ins Abenteuerland …

MUSIKVERWALTER

Auch die *Abenteuerland*-Tour wurde zum Mega-Erfolg mit über einer Million verkaufter Tickets. Wir brauchten dringend Unterstützung in der Administration, denn wir wollten Musik machen anstatt Musik zu verwalten. Bislang arbeitete die Band auch viel »Drumherum« in Eigenregie ab. Mittlerweile verschlangen unsere Aufgaben als Verwalter des Erfolgs mehr Zeit als das gemeinsame Musizieren. Zu meinem Bereich gehörte beispielsweise die Kommunikation mit der Plattenfirma. Zudem nahm ich immer mehr Promotiontermine wahr. Roland bereitete in Zusammenarbeit mit örtlichen Veranstaltern unsere Tourneen vor – und da diese mittlerweile gigantische Ausmaße angenommen hatten, suchte Roland professionelle Unterstützung. So kamen Uli Roth und Günther Liebherr zu *Pur* beziehungsweise unserer neu gegründeten Managementfirma *Live Act Music.* Uli ist nicht nur ehemaliger Handballer und Silbermedaillengewinner der Olympischen Spiele 1984 in Los Angeles. Er findet für jedes Problem eine Lösung und sichert den Siebenmeterkreis um *Pur* grandios. Günther sorgte zu Beginn unserer Zusammenarbeit erst mal dafür, dass das Zahlenkuddelmuddel, das wir als Laien bestimmt angerichtet hätten, schnell in geordneten Bahnen sprich Konten lief und bewahrte uns so vor Ärger auch mit dem Finanzamt. Ich selbst hatte bei der Investition meines Einkommens bereits einige Fehler gemacht. Da ich von Haus aus nicht zu Übermut neige, hielten sich meine Verluste in Grenzen und kamen später dank

Günther nicht mehr vor. Uli und Günther sind längst zu engen Freunden geworden.

Egal wie viel Geld ich mit *Pur* noch verdienen werde, möchte ich auf dieser Welt weiterhin auch Rucksacktourist bleiben. Ich habe es am eigenen Leib erfahren: Geld allein macht nicht glücklich. Je mehr Geld, desto mehr Beschäftigung damit. Das lenkt ab von den wesentlichen Dingen, vom Ehrenkodex der Schoschonen. Natürlich erinnere ich mich an das erhebende Gefühl, als ich mir zum ersten Mal eine Lederjacke für achthundert Mark kaufte. Achthundert Mark! Dafür gab es damals einen Gebrauchtwagen mit einem Jahr TÜV und der Option auf Laufzeitverlängerung. Und ich schlenderte einfach in den Laden, holte mir die Jacke und war danach nicht mal knapp bei Kasse. Unfassbar! Doch schnell begriff ich, dass Geld haben oder nicht keine Auswirkung auf meinen Seelenzustand zeigt. In der tiefsten Krise meines Lebens besaß ich sehr viel an materiellen Dingen und war dennoch ein armer Mann, da ich meine Lebensfreude verloren hatte. Die kann man nicht kaufen mit Geld. Doch allein sie ist es, an der wir den Erfolg unseres Lebens messen können.

Ich bin glücklich darüber, mein Hobby, das Singen, zu meinem Beruf gemacht zu haben und damit auch noch Geld zu verdienen. Heute denke ich manchmal, wenn ich in meinem Schwimmbad meine Bahnen ziehe: Das hat mir niemand vererbt, das habe ich alles selbst ersungen! *Es kann einem auch schlechter gut gehen*, wie ich oft zu Hombré sage oder er zu mir.

Gleichzeitig ist mir bewusst, dass das Schwimmbad allein mich nicht froh macht. Ich weiß, dass ich auch ohne den großen Erfolg mit meinen Jungs singen würde. Wir haben es nie darauf angelegt, das ganz große Geld zu verdienen. Uns war es wichtig, das zu tun, was wir wollten. Unsere Stücke selbst zu schreiben, und zwar genauso, wie wir das für richtig halten, nicht wie eine Plattenfirma sich das vorstellt. *Pur* arbeitet selbstbestimmt. »Was bedeutet schon Geld? Ein Mensch ist erfolgreich, wenn er zwischen Aufstehen und Schlafengehen das tut, was ihm gefällt«, hat Bob Dylan es wie so oft auf den Punkt gebracht.

1996 veränderten wir nicht nur im geschäftlichen Umfeld der Band allerhand, wir formierten uns auch neu. Seit Langem schon wünschte sich die Band mehr Taktgefühl vom Schlagzeuger. Da Roland als Booker für *Pur* viel leistete, hatten wir jahrelang nicht vehement genug auf zusätzliche Übungseinheiten gedrängt. Auf die Empfehlung unseres Produzenten Dieter Falk verpflichteten wir nun Martin »Stöcki« Stöck als neuen Schlagzeuger bei *Pur*. Roland übernahm zusätzlich zu den Backing Vocals, die er seit Jahren sang, die Percussion und spielte akustische Gitarre. Da unsere Arrangements mittlerweile größere Anforderungen an die Band stellten, gehörte seit 1993 auch der Backing Vokalist David Hanselmann zu uns, der später von Cherry Gehring abgelöst wurde. Cherry spielt auch Keyboards, Akkordeon und Percussion. Martin Ansel, den wir bei der Studioarbeit als Toningenieur kennenlernten, stieg als Multiinstrumentalist bei *Pur* ein. Er spielt Gitarren, Keyboards, Akkordeon und war auch im Studio zuerst als Arrangeur und später als Produzent bald unersetzlich. Dergestalt neu aufgestellt genossen wir den *Abenteuerland*-Hype. Wo wir auch auftauchten, wurden wir gefeiert, schulterbeklopft, mit Preisen überhäuft. Von einer Party zur nächsten. Die Gründe zum Feiern gingen nie aus. Das Album *Abenteuerland* wurde ausgezeichnet mit Gold, Platin, Doppelplatin, Tripleplatin und Vierfachplatin. Menschen wie Hans-Dietrich Genscher, die ich nur aus dem Fernsehen kannte, schüttelten mir die Hand: »Herr Engler, dieses graue Haar, das ist ein wunderschönes Lied.« Die Schauspielerin Jodie Foster lobte: »Oh, what a nice song! I did not understand the lyrics, but you performed very well.«

Ich erfüllte meine Rolle als Frontman und gab ein Interview

nach dem anderen. Zum ersten Mal widmeten sich die großen Zeitungen und Zeitschriften wie *FAZ, Stern* und *Spiegel* dem Phänomen *Pur*. Wenn ich heute an diese Zeit zurückdenke, befürchte ich, höchstens die Hälfte davon mitbekommen zu haben. Es war zu viel, zu schnell. Ein einziger Rauschzustand. Gern hätte ich die Muße gehabt, diesen Erfolg zu genießen, doch Zeit war Mangelware bei all den Terminen, die wir täglich abzuarbeiten hatten. *Abenteuerland* gehört bis heute zu den meistverkauften deutschsprachigen CDs. Wir füllten nicht nur große Hallen, wir füllten Fußballstadien – das erste Mal im Sommer 1996, als das Düsseldorfer Rheinstadion mit 65.000 Tickets ausverkauft war. Das Konzert sollte als zweieinhalbstündige Live-Übertragung auf Premiere ausgestrahlt werden. Lampenfieber war mir nicht neu, doch nie zuvor war ich so nervös gewesen wie vor diesem Mega-Event. Ich malte mir aus, wie 65.000 Leute mich bei jeder Bewegung beobachten würden und ich wusste: Wenn ich das gut über die Bühne kriege, dann bin ich im Olymp, im Musik-Olymp. Als ich die Bühne betrat war klar: Entweder ich falle in Ohnmacht oder ich schaffe es. Das Konzert selbst erlebte ich wie in Trance. Oder wie ein Bobfahrer im Eiskanal. Danach löste sich die Anspannung in Tränen und das pure Glück überflutete mich.

BANDPAUSE = BABYPAUSE

Die Band beschloss eine Auszeit und ließ den Vorhang nach *Abenteuerland* fallen, zumindest was die Konzerte betraf. Hinter dem Vorhang arbeiteten wir weiter, nahmen Termine wahr und planten das nächste Album. Seit 1987 hatten wir durchgepowert. Familienplanung stand bei allen auf der Prioritätenliste. Unsere Lieben hatten lange auf uns gewartet. Wir wünschten uns Zeit für unser Privatleben – und wir wollten unseren Erfolg verdauen.

Claudia und ich flogen erst mal in einen Urlaub weit weg. Doch für mich gab es auch in der Ferne keine Ruhe. Sogar auf einer Insel in der Südsee wurde ich um Autogramme gebeten. Ich beschloss, mir ein Feriendomizil zu leisten, wo ich wirklich allein sein konnte. Die Wahl fiel auf Mallorca, weil es via Flughafen Stuttgart relativ schnell zu erreichen ist. Das abgelegene Haus auf einem Hügel mit Blick übers Meer sollte in den nächsten Jahren zu einer Oase der Entspannung nicht nur für mich werden. Ich genieße es sehr, liebe Menschen dorthin einzuladen.

Mittlerweile war es auch in Ingersheim schwierig geworden, Ruhe zu finden. Ständig klingelten Fans, manche fragten, ob sie mal schnell eben zum Kaffee reinkommen könnten. Wenn ich in ihre begeisterten Gesichter schaute, fiel es mir zuweilen schwer, diese Bitte abzulehnen. Doch ich musste auch mal abschalten. Mal einfach ich sein. Nicht immer nur der Sänger von *Pur*. Wer war ich überhaupt? Ich hatte lange keine Zeit gehabt, darüber nachzudenken.

Durch die blonde Locke und den großen Ohrring wurde ich überall erkannt. Sobald ich Mütze und Sonnenbrille aufsetzte, identifizierten mich die Leute an der Nase. Ich schaffte es nicht, unsichtbar zu werden. Ich war zu oft im Fernsehen gewesen. Allmählich zogen die Schatten der Prominenz auf. Wo auch immer ich mich aufhielt: Ich stand unter Beobachtung. Ich konnte nicht einfach beim Bäcker Brötchen für meine Familie kaufen. Wenn ich Pech hatte, kam es zum Tumult. Wenn ich Glück hatte, fragte bloß irgendwer:

»Herr Engler, was machen Sie denn hier?«

»Irgendwo muss ich ja auch sein.«

Anfang 1997 zogen wir nach Bietigheim in ein Haus mit sehr schönem großen Garten. Hier erfüllte ich mir einen lang gehegten Luxustraum: Ich ließ ein Hallenbad bauen. Ich liebe es zu schwimmen, und ich wollte es unter Ausschluss der Öffentlichkeit genießen. Ich wollte auch mal im Wasser plantschen und toter Mann spielen und nicht ständig beobachtet werden. Bei meinem letzten Besuch in einem öffentlichen Schwimmbad hatte ein Junge quer durch das Becken gebrüllt: »In der Badehose sieht der noch dicker aus als wie im Fernsehen!«

Ich war außer mir vor Freude, als Claudia mir sagte, dass wir Eltern werden würden. Seit Längerem schon wünschten wir uns Kinder, aber wir hatten das immer wieder verschoben – und nun hatten wir es tatsächlich termingerecht in die Tourneepause geschafft! Joe, Rudi und Ingo waren bereits Vater. Bald würde ich auch zu diesem Club gehören. Bald würde ich auch mal sagen können: »Ich muss heim, der oder die Kleine wartet.« Ich freute mich wahnsinnig darauf.

Claudias Bauch wuchs, und ich konnte mich nicht satt sehen daran. Mein eigener Bauch war allerdings immer ein wenig schwangerer als ihrer, der bei unserer Hochzeit in Claudias weißem Kleid mit hoch angesetzter Taille kaum auffiel. Diesmal trauten wir uns in der Kirche. Mein Freund Clemens Bittlinger, Pfarrer und singender Liedermacher im Auftrag der evangelischen Kirche, leitete die Zeremonie. In seiner Predigt mischte er Bibelzitate mit *Pur*-Texten. Claudia war eine wunderschöne Braut. Sie genoss ihre Schwangerschaft in vollen Zügen und blühte geradezu auf als werdende Mutter, obwohl sie eigentlich kaum strahlender aussehen konnte.

BABY JA, BAMBI NEIN

WENN DU DA BIST

Diese Art Glanz in ihren Augen hab ich zuvor noch nie gesehen
Sie strahlt von innen her
Von da, wo du noch wohnst
Seit ich von deiner Ankunft weiß, wart ich auf die neue Zeit
Steht meine Welt mir Kopf, denn eins und eins gibt drei

Die Welt, die auf dich wartet, ist nicht, wie sie gerne wär
Nein, doch das hat Zeit, nur keine Angst
Du kannst dich wirklich traun
Vier Hände voller Liebe streicheln sich um dich
Und ich schwör dir, deine Mutter ist 'ne klasse Frau

Wenn du da bist, wenn du Licht siehst
Und das zum allerersten Mal
Wenn sie dich sieht, wenn du mich siehst
Dann glaub ich, werden Wunder wahr
Wir stehen dir bei, wir zwei
Wir stehen dir bei aus zwei mach drei

Du bist das größte Abenteuer
Du hast uns grade noch gefehlt
Sie trägt dich voller Stolz in ihrem wunderschönen Bauch

Fühl dich nur wohl um deine Haut, deiner Mutter anvertraut
Bleibt deine Welt noch klein und deine kleine Seele rein

Dass etwas schiefgehen könnte, klar, das macht uns etwas Angst
Doch was auch immer sein wird, wir freuen uns so auf dich
Ich bin bei dir und deine Mutter schaukelt dich schon raus
Ich kann dir noch nicht helfen
Ich kann dich noch nicht sehen
Ich kann nur ganz viel an dich denken
Und du kannst mich singen hören

Die Band hatte fast alle Auszeichnungen und Preise eingeheimst, die für uns in Frage kamen. Und nun sollten wir auch noch mit einem Bambi geehrt werden. Da die Preisverleihung am errechneten Geburtstermin meines ersten Sohnes stattfand, fuhren die Jungs ohne mich. Ich hätte ruhig dabei sein können, denn Philip ließ sich weitere eineinhalb Wochen Zeit, ehe ich ihn endlich im Arm wiegen durfte. Claudia war noch in ärztlicher Obhut, und ich konnte mich nicht satt sehen an diesem wunderschönen Wesen. Mit dem Rücken zur Tür stand ich in einem Aufenthaltsraum am Fenster und hielt eine kleine Begrüßungsrede für den neuen Erdenbürger. Meine Stimme zitterte. Tränen rannen mir übers Gesicht. Polternd wurde dir Tür aufgerissen. Eine südländische Putzfrau fuhrwerkte mit Eimer und Schrubber herein.

»Entschuldigung«, sagte ich, das was Deutsche meistens sagen, wenn sie nicht wissen, was sie sagen sollen.

Die Putzfrau schleuderte den Lappen auf den Linoleumboden. *Flatsch.* Wasser spritzte hoch.

»Könnte ich wohl ein bisschen für mich sein?«, fragte ich.

»Muss putzen«, brummte sie mürrisch, entdeckte das Neugeborene, strahlte und schwebte wie eine Elfe nach draußen.

Ich versprach dem kleinen Philip, dass ich immer für ihn da

sein und ihn lieben werde und sagte ihm, dass ich erst jetzt, wo er in meinen Armen lag, begriff, was es bedeutete, Vater zu sein. Ich erzählte ihm, wie glücklich ich war, und versuchte ihm zu schildern, wie sich ein Gefühl der Liebe in mir ausbreitete, das ich niemals zuvor erfahren hatte. Eine Liebe, die keine Fragen stellte, die nichts verlangte und nichts voraussetzte, die einfach da war, unbedingt und stark und unvergänglich.

AUSGELOCKT

Welcher Mann träumte damals nicht davon: Körperkontakt mit Tina Turner! Ich war auserwählt und das Opfer, das ich dafür bringen sollte, fiel mir leicht, denn innerlich hatte ich mich bereits von meiner Locke getrennt. Dass Tina Turner sie mir abschneiden sollte, und zwar öffentlich bei *Wetten, dass ..?*, war eine große Ehre für mich. *Pur* und Tina Turner gehörten zum musikalischen Programm bei Thomas Gottschalk. Tina trat vor uns auf. Die Zuschauer merkten nicht, dass sie stark erkältet war und mit Fieber vor den Kameras tanzte. Vor Tina Turners Bazillen hätte ich mich nicht weggeduckt – ich verstand es allerdings sehr gut, dass sie nach ihrem Auftritt sofort zurück ins Hotelbett wollte. So wurde ich von der sympathischen Esther Schweins beschnitten, die großen Spaß daran hatte, mir mit der Schere Angst einzujagen.

Thomas witzelte: »Das wird doch wohl jetzt nicht wehtun!«

»Ich befürchte, es wird stark bluten«, erklärte ich den Ernst der Lage.

Im Publikum war es mucksmäuschenstill. Es fehlte bloß noch ein Trommelwirbel wie im Zirkus. Als Esther Schweins den Schnitt vollzog, schrien tatsächlich einige Frauen im Saal mitfühlend auf. Wider Erwarteten blutete nichts, nicht mal mein Herz. Die Locke landete im Fundus von *Wetten, dass ..?* und sollte für einen guten Zweck versteigert werden. Doch dann verschwand sie sang- und klanglos. Niemand weiß bis heute, wo sie geblieben ist …

2001 war ich erneut Gast bei *Wetten, dass ..?*, diesmal als Wettpate der Stadt Böblingen. Die Böblinger wetteten gegen Gottschalk, auf ihrem Marktplatz mitten im Winter eine gut besuchte Strandparty zu organisieren, inklusive Sand, Beach-Volleyball, Liegen und Sonnenschirme. Falls er verlor, wollte Thomas Gottschalk bei einem *Pur*-Konzert die Backing Vocals singen. Die Böblinger gewannen die Wette in Feierlaune, wie ich, selbst in Shorts und Hawaii-Hemd vor Ort, staunend feststellte. Es beeindruckte mich enorm, dass sich innerhalb einer Stunde mehrere Tausend nur spärlich bekleidete Leute einfanden. Da Thomas seine Wettschuld bis heute nicht eingelöst hat, vermute ich, dass er es wie immer besonders gut machen will und seither fleißig Singen übt.

Die gefallene Locke war der Auftakt zu weiteren Veränderungen an meinem Äußeren. Im Gegensatz zu Claudia war ich noch immer schwanger, wie jeder an meinem Bauchumfang erkennen konnte. Bei einem Gesundheitscheck stand ich in der Unterhose auf der Waage vor meinem Arzt. Der bauchpinselte mich nicht, sondern wurde deutlich. »Einhundertunddrei«, sagte er so langsam und eindringlich, dass ich jedes einzelne Gramm spüren konnte. »Das ist zu viel. Viel zu viel.« Dann erklärte er mir, welche Risikofaktoren das Übergewicht barg. Ich dachte an Philip. Ich wollte ihm ein guter Vater sein. Und ein fitter. Ich wollte meinen Sohn so lange wie möglich auf seinem Lebensweg begleiten. Ich gestand mir ein, wie unwohl ich mich selbst mit den überflüssigen Kilos fühlte. Zu viele Partys, zu wenig Zeit für Sport. Damit sollte nun Schluss sein. Auf Empfehlung eines Freundes begann ich mit Heilfasten unter ärztlicher Aufsicht. (Für Nachahmer: Lesen Sie bitte die Packungsbeilage oder fragen Sie Ihren Arzt!) Dreiundzwanzig Tage aß ich nichts und trank nur Wasser und Tee. Verblüfft stellte ich fest, wie gut es mir dabei ging. Ich vermisste keine Mahlzeiten und keinen Alkohol, der irgendwie immer dazu gehört hatte. Bei jeder Party, der Sekt, das Bier, der Wein. Alkohol ist ja kein Wasser, er hat auch Kalorien. Die Pfunde purzelten, ich freute mich an meiner neuen Leichtigkeit von 89 Kilo. Das war noch immer verbesserungswürdig, doch schon mal ein guter Anfang, und ich startete mein Aktivprogramm mit Joggen und Schwimmen.

ICH WILL KEIN IN MICH MEHR SEIN

Bei unserem nächsten Album *Mächtig viel Theater* hatte ich endlich Zeit für Themen, die mich schon lange interessierten und die ich mir als Songtexte vorstellen konnte. Durch unsere Unterstützung der Nordhoff-Robin-Stiftung, Musiktherapie für autistische Kinder, stieß ich auf ein Buch des Dichters Birger Selin *Ich will kein in mich mehr sein.* Das Schicksal dieses autistischen Jungen berührte mich, und ich nahm Kontakt mit seiner Familie auf, die mich herzlich einlud, Birger zu besuchen. Sehr gespannt fuhr ich zu dem Treffen. Bei der Kommunikation mit Birger half mir seine Mutter, die Birgers Hände stützt, damit er einen Computer bedienen kann. Ich spielte Birger einen Song von Ingo vor, mit dem ich Birgers Geschichte erzählen wollte: »Birger, ich möchte einige von deinen grandiosen Sätzen in diesen Song einfließen lassen.« Birger erteilte mir nicht nur die Erlaubnis, er ließ mich auch wissen, dass er sich darüber freue.

ICH WILL RAUS HIER

Er plapperte schon Worte wie es kleine Leute tun
Alles schien in Ordnung und gesund
Doch mit nicht mal ganz zwei Jahren blieb seine Sprache stumm
Scheinbar ohne Grund
Und er schrie viel und tobte, zog sich dann weit in sich zurück

Und nach falscher Diagnose und nach Ratlosigkeit blieb nur eins:
Wohl verrückt

»Einsam, traurig, Kastenmensch, lebendig begraben,
ein steinernes Wesen, das mich im Kerker gefangen hält.«

Er spielte mit den Murmeln und er saß gern unterm Tisch
So blieb lange vieles unentdeckt
Bis nach Jahren eines Tages eine neue Therapie zeigte
Was da in ihm steckt
Und er schreibt am Computer und er schreibt gestützt auf
Mutters Hand
Er schreibt in seiner eigenen Sprache, kämpft mit Worten und
Verstand
Gegen die Kerkerwand

»Einsam, traurig, Kastenmensch, lebendig begraben,
ein steinernes Wesen, das mich im Kerker gefangen hält.«

Wo ist der Weg in die wichtige Welt
Ich will raus hier aus der Kistenwelt
In die wirre Welt
Ich will kein in mich mehr sein
Ich will raus hier
Wuchernde Erdklumpen auf meiner Seele
Unruherastklopfiger Geistüberfall
Chaosgedanken, autistischer Panzer
Ohne Ich-Wesen und rohe Gestalt
Isolationshaft, in zwanghafter Weise
Bin ich ein Sklave der Wunderangstmacht
Ich will raus hier …

Birger schrieb, als er das Lied hörte: »Gespräch mit Hartmut Engler. Ich werte Autismus auch als Ausdruck des anders seins. Ich leide sehr unter dem Widerspruch. Die Kiste ist der richtige Ausdruck. Ich grabe mich an die Oberwelt. Werde noch sagen: Ich bin traurig. Weil es zu schwer für mich ist, richtig zu antworten. Meine Zwänge quälen mich. Rede gern zur Musik. Es ist eine Musik, die es trifft. Es ist mir angenehm. Ich habe zwar die Angst empfunden, aber es ist genau, wie es wirklich ist. Es sagt sich leicht etwas. Aber meine Gedanken sind zu schnell. Sie rennen mir davon. Rede sehr gern mit ihnen. In mir sind noch viele Gedanken. Werte das Singen als eine Sache der inneren Räume. Es sind in mir auch viele Lieder. Werte das Singen als eine gute heilende Form für alle Menschen. Erträume für mich Leben ohne Kisten wie sie es singen, aber noch bin ich mitten drin. Aber ich sehe Licht heute.« Birger Selin, 25.3.1997

KLEINER PRINZ

Obwohl ich mit Herz und Seele Papa war, fiel es mir manchmal schwer, länger zu Hause zu sein. So viele Jahre war ich mit Tempo 200 durchs Leben gezischt und sollte nun bildlich gesprochen nur noch zu Fuß gehen. Das war ein harter Übergang. Zum Glück gab es immer ein paar Termine. Das Schönste an ihnen war, dass ich danach wieder heimkehren durfte zu meiner kleinen Familie. Das Heimkommen gefiel mir besser als das ständige Daheimsein. Auf meinen Reisen begleitete mich meistens Peter Brosi, ein ehemaliger Polizist und nun Management-Mitarbeiter, der längst zu einem guten Freund für mich geworden ist. Und wie es sich für Freunde gehört, sprechen sie eine eigene Sprache. Wir nannten uns Don Quijote und Santa Ponsa in Anlehnung an den Kampf mit den Windmühlen, die bei uns von mancher Presse mit viel heißer Luft um nichts betrieben werden.

Rückblickend glaube ich, dass es Claudia sogar recht war, wenn ich öfter mal verreiste. An unser häufiges Zusammensein waren wir beide nicht gewöhnt. Das mussten wir erst mal lernen. Claudia ging voll in ihrer Mutterrolle auf und wie es in so vielen Familien ist: Ich kam mir manchmal überflüssig vor – das Leid der Papas. Zu meiner großen Freude erhielt ich sehr bald Gelegenheit, das Papasein noch intensiver zu üben, denn 1998 erblickte Felix das Licht der Welt. Als Claudia mir den errechneten Geburtstermin nannte, lehnte ich mich innerlich ganz entspannt zurück. Vor und nach diesem Termin stand überhaupt nichts Wichtiges an. Perfekt! Doch dann platzte die Fruchtblase zwei Wochen früher als geplant, während ich mich in Berlin befand, bei der Aufzeichnung einer TV-Show. Gegen 23 Uhr – ich betrat nach den Proben und einem Abendessen mit dem Team das Hotel – erreichte mich die SMS. Ich rannte zur Rezeption.

»Ich muss nach Stuttgart.«

»Morgen?«

»Nein. Jetzt.«

Aus einem hilfsbereiten Angestellten wurden drei, als ich erklärte, warum es so pressierte. Sie checkten die Flüge, die Züge, alle Möglichkeiten, während ich rastlos auf und ab lief und mit meinem Manager Uli telefonierte. Er kam zum gleichen Ergebnis wie die Hotelmitarbeiter: »Es tut uns leid, Herr Engler, die letzte Maschine haben Sie verpasst und einen Zug werden Sie auch nicht mehr erreichen, Sie können frühestens morgen gegen 8 Uhr in Stuttgart sein, falls wir einen Flug bekommen.«

»Aber das ist zu spät! Viel zu spät!«

»Ich versuche, ein Privatflugzeug am Flugplatz Schönefeld aufzutreiben«, meldete sich eine der Hotelangestellten mitfühlend.

»Ich packe schon mal!«, rief ich und stürmte in mein Zimmer, wo ich wahllos Gegenstände in meinen Koffer warf.

Das Telefon. »Tut mir leid, Herr Engler, wir haben am Flugplatz Schönefeld nichts erreicht.«

Ich bedankte mich und gab noch lange nicht auf. Ich wollte, nein ich musste dabei sein. Rudolf? Würde er mir helfen? Wenn es irgendjemanden gab, der es mir ermöglichen konnte, bei der Geburt meines zweiten Sohnes dabei zu sein, dann war es der frischgebackene Verteidigungsminister Scharping. Ich würde ihn bitten, mir ein Flugzeug der Bundeswehrbereitschaft zur Verfügung zu stellen. Ich atmete durch. Es gibt immer eine Lösung. Man muss sie nur finden. Mit zitternden Händen drückte ich Rudolfs Nummer auf das Handy-Display. Die Verbindung wurde aufgebaut.

Während ich auf die Striche starrte, begriff ich, dass ich mich wie ein Wahnsinniger benahm. Was für eine Idee! Den Verteidigungsminister um ein Flugzeug zu bitten, weil ich Vater wurde. Wie konnte ich mich mit solch einem Ansinnen an ihn wenden. Was verlangte ich da von ihm! Welche Folgen konnte das haben? Ich sah die Schlagzeilen vor mir. *Verteidigungsminister leiht Popstar Kampfjet.* In Sekundenbruchteilen landete ich hart in der Realität und eine heiße Woge Scham überflutete mich. Doch es war zu spät. »Hallo?«, krächzte es heiser aus dem Handy. Später sollte ich erfahren, dass ich Rudolf aus dem Schlaf gerissen hatte – in einer anderen Zeitzone.

»Hallo Rudolf, hier Hartmut, du klingst, als hätte ich dich geweckt, entschuldige, schlaf weiter, bis die Tage.«

Mit meinem gepackten Koffer bat ich an der Rezeption, einen Fahrer vom Nachtservice zu fragen, ob er mich nach Stuttgart bringen würde. Einer der Chauffeure erbarmte sich. Gegen Mitternacht starteten wir, um sieben Uhr morgens erreichten wir Stuttgart. Felix war um halb vier Uhr morgens auf die Welt gekommen. Lang hielt ich ihn im Arm und fühlte dasselbe überströmende Glück und dieselbe unendlich tiefe Liebe wie für Philip und versprach ihm dasselbe, was ich auch Philip versprochen hatte: Ich werde immer für dich da sein.

DER KLEINE PRINZ

Die großen Architekten bauen die Häuser himmelhoch
Ob man Wolken greifen kann
Berühmte Astronauten fliegen um und auf den Mond
Und sie glauben, dass das lohnt
Doch du brauchst noch nichts von alledem zu wissen
Kleiner Muck, schlaf ruhig und morgen scheint ein neuer Tag

Die großen alten Männer spielen gerne Menschenschach
Bis am Ende keiner lacht
Manch berühmter Sänger badet in immer mehr Applaus.
Sag, wann ist die Show wohl aus?

Dir in deinem Bettchen ist das ziemlich pupsegal
Dass du mich manchmal damit ansteckst, find ich fein
Deshalb klink ich mich 'ne Weile aus aus diesem Größenwahn
Denn das größte für mich ist noch so klein

Und das bist du, mein kleiner Prinz
Oh, ich mach mich zum Trottel, nur damit du grinst
Ich könnt dich fressen, ich schwärm für dich
Total vernarrt und verliebt bin ich in dich mein kleiner Prinz

Sogar der Mond scheint heller, wenn er auf dich strahlt
Hör nur, wie dein Papa prahlt
Ich knuddelküss dich schamlos, kannst dich noch nicht wehrn,
kannst dich später mal beschwern

Ich mach mit dir den Flieger und du schmeißt dich weg
vor Lachen
Ich kenn nichts, was mich so einfach glücklich macht
Ich weiß jetzt, was ich so vermisst habe, die ganzen Jahre lang
Was mein Leben täglich reicher macht

Und das bist du mein kleiner Prinz …

KINDER SIND TABU

Nach unserer Pause stiegen wir 1998 wieder in das Tourneegeschäft ein. Es war uns klar, dass wir wegen der Downloads aus dem Internet vermutlich nicht mehr an unsere Rekordzahlen anknüpfen würden. Doch die CD landete auf Platz eins und verkaufte sich 1,3 Millionen Mal. Lange vor ihrem Start war die Tournee komplett ausverkauft. Ich war wieder fit und schlank und fühlte mich pudelwohl in meiner Haut. Wir wollten unseren Fans nach der Hallentour im Sommer 1999 ein Festivalprogramm bieten, auch wenn ihnen *Pur* pur genügt hätte. Unser Manager Uli Roth schlug vor, Nena, an die sich damals nur noch die Älteren erinnerten, als Support Act zu buchen. Nena spielte auf unser Anraten vor allem ihre alten Hits und räumte ab wie niemand sonst im Vorprogramm. Der Rest ist Geschichte, Erfolgsgeschichte.

Auf *Mächtig viel Theater* veröffentlichten wir das Lied *Kinder sind tabu*, das mir ganz besonders am Herzen liegt. Eine Mitarbeiterin der Lobby für Menschenrechte konfrontierte mich mit Fakten und Hintergründen über sexualisierte Gewalt gegen Kinder. Sie zeigte mir Bildmaterial, das selbst in seiner zensierten Form so unfassbar widerwärtig war, dass ich mich fast übergeben musste. Ich war zutiefst geschockt, was das Internet frei Haus lieferte. Als ich Ingo davon erzählte, schrieb er eine einfühlsame Musik. Um für den Text zu recherchieren, traf ich mich mit Klaus Meyer-Andersen, der den Verein Dunkelziffer e.V. gegründet hatte, um missbrauchten Kindern zu helfen und die Öffentlichkeit aufzuklären. »Ich habe schon viel gesehen in meinem Beruf, ich war unter anderem Kriegskorrespondent in allen Krisenherden der Welt«, erzählte mir Klaus Meyer-Andersen, »aber nichts hat mich so erschüttert wie meine Recherche über das Thema Kindesmissbrauch.« Klaus beeindruckte mich zutiefst. Er war nicht nur ein Mann der Worte, sondern auch ein Mann der Tat, der seinen Job beim *Stern* gekündigt hatte, um sich dem Kampf gegen Kindesmissbrauch zu verschreiben. Klaus starb viel zu früh. Seine Lebensgefährtin führt sein Werk weiter. Die Band und ich beschlossen, einen größeren Betrag an verschiedene Einrichtungen gegen Kindesmissbrauch zu spenden. Darüber hinaus sollte der gesamte Erlös von *Kinder sind tabu* sowie ein Teil unserer Tourneeeinnahmen Hilfsorganisationen zugutekommen. So konnten wir mit unserer Musik etwas bewegen. Wir wünschten uns, dass viele Menschen mitmachen und Geld spenden, um Kinder vor diesen widerwärtigen Verbrechen zu schützen oder ihnen, wenn sie zu Opfern geworden waren, zu helfen, ein kleines Stück Normalität wiederherzustellen oder überhaupt erst zu schaffen. Sexuelle Gewalt gegen Kinder ist nicht nur eine schwere Menschenrechtsverletzung. Es ist Seelenmord an unseren Kleinsten und Schwächsten.

KINDER SIND TABU

Solche Bilder hab ich noch nie gesehen
Solche Bilder will ich auch nie mehr sehen
Mitleid und Abscheu, mir war nur noch schlecht
Dass es so was gibt, hab ich wohl gewusst
Sie verstecken es hinter perverser Lust
Doch die nackte Gewalt ist das Mittel und der Zweck

Die jungen Opfer sind zerbrechliche Wesen
Sie sind hilflos, sie haben nichts getan
Opfer, die man leicht beeinflussen kann
Sie sind völlig schutzlos, ausgeliefert
Angst, die sie gefügig macht
Bedroht und eingeschüchtert, nein
Verbrechen ist kein Spaß und Liebe ist kein Hass

Kinder sind tabu
Kinder sind tabu
Lasst die kleinen Menschen in Ruhe ihr Leben verstehen
Ohne Angst und Gewalt sich wachsen sehen
Kinder sind tabu

Das ist kein Kavaliers-, kein Sexualdelikt
Sie machen Geld damit, sogar im Internet
Kinder werden videogerecht gequält
Das ist nicht weit weg, das ist unter uns
Diese Zärtlichkeit ist Folterkunst
Und jede Schuld – und Mitgefühl krank, fremd

Wenn ich als Vater an die Opfer denke
Mir das Mitleid für die Täter fehlt
Dann gebe ich zu, ich will's nicht verstehen
Wie man einem schwachen kleinen Mann
Einer kleinen Frau so was antun kann
Jeder ist mir zuwider, der Kinder so benutzt
Sie brauchen unsern Schutz

Kinder sind tabu …

Wenn der nette Herr dort in der Nachbarschaft
Sich an kleinen Jungs zu schaffen macht

Ist der Schaden groß, doch die Strafe klein
Das wird schon nicht so schlimm gewesen sein
Wenn der »gute Onkel« der den Kitzel vermisst
Zu ganz kleinen Mädchen ganz »lieb« ist
Dann reicht es, wir drücken kein Auge mehr zu
Fasst sie nicht an, lasst sie endlich in Ruh
Denn Kinder sind tabu

SCHWABEN BAUEN IN DIE ZUKUNFT

Die Band fühlte sich wohl bei der Plattenfirma Intercord, auch oder gerade weil sie kein Riesenunternehmen war und die *Pur*-Einnahmen schon mal über 50 Prozent des Firmenumsatzes ausmachen konnten. 1999 standen Verhandlungen über einen neuen Plattenvertrag an. Intercord bot uns zwei Alternativen. Entweder wir würden kurzfristig eine stattliche Summe erhalten oder langfristig sechs Alben in die Zukunft planen, für die uns ein großzügiges Produktions- und Marketingbudget garantiert wurde. Eine solche Planungssicherheit gibt es nur selten bei Musikerverträgen. Sie ermöglichte es uns, genau die Musik zu spielen, die wir uns vorstellten. Kurz nachdem wir den Vertrag unterschrieben hatten, wurde Intercord von der EMI übernommen. Wir waren sehr zufrieden, dass wir weit in die Zukunft gut vorgesorgt hatten. Mittlerweile waren wir eine Band von acht Vätern und alle wollten ihre Familien absichern. Wir waren Papas und Rockmusiker und trugen zudem die Verantwortung für unser Team, das auch aus vielen Papas und einer Mama, Dani, bestand.

Es ist mir bewusst, dass es viele Menschen gibt, die keine Partner zur Gründung einer Familie finden, auch wenn sie sich das sehr wünschen. Vielleicht geraten sie immer an die Falschen oder sie haben zu viel Angst vor Nähe oder es klappt einfach nicht. Ich selbst bin sehr froh, dass ich ein Beziehungsmensch, ein Familienmensch bin. Vielleicht hat mich deshalb der viele Seiten umfassende Brief einer jungen Frau so sehr berührt, dass ich einen Text über ihre Geschichte schrieb. *Pur* erhielt viel Post wegen dieses Songs, in dem sich offensichtlich zahlreiche Menschen gespiegelt fühlten.

ALLEIN VOR DEM SPIEGEL

Sie hat ihm den Brief schon geschrieben
Doch sie traut sich nicht, schickt ihn nicht ab
Sie weiß, sie kann geben, kann lieben
Doch was ist, wenn auch er sie nicht mag
Noch mal erträgt sie die Blicke nicht, die sie durchdringen, als wär sie nicht da
Was hat sie getan, warum straft man sie so?
Und es fehlt nur, dass er lacht

Sie sieht makellos magere Models
In Hochglanz, die Männer verzückt und verrückt
Sie träumt sich in Liebesromane
Sinnlich und schön und begehrt und beglückt
Sie sehnt sich nach Nähe, Geborgenheit
Doch sie scheint nur als Zaungast genehm
Warum kann sie denn keiner, so wie sie ist, nur mit anderen Augen sehn
Doch wer glaubt schon, dass Wunder geschehn?

Und sie steht wieder allein vor dem Spiegel
Und sie weint hilflos in sich hinein
Und sie flucht mutlos – dann kocht die Wut hoch
Dieses Scheißleben ist wirklich gemein

Sie ist nun mal kein Barbiepüppchen
Ihre Stärken sind leise, verdeckt
Die tollen, die ganz coolen Typen
Fragen nie, was sie tut, wo sie steckt

Die Gleichgültigkeit und die Hänselei
Hat sie immer geschluckt, nie verdaut
Dass sie wertlos und keinesfalls liebenswert sei
Hat sie irgendwann selbst geglaubt
Und sich schließlich nichts mehr zugetraut

Und sie steht wieder allein vor dem Spiegel …

Da neulich im Bus, dieser junge Mann
Mit Brille und nicht so ganz schlank
Er lächelte nett und er sprach sie an
Sie wies ihn ab, nein, vielen Dank
Vielleicht geht es ihm jetzt wie ihr
Hinter einer verschlossenen Tür

Und sie steht wieder allein vor dem Spiegel
Und sie weint hilflos in sich hinein
Und sie flucht mutlos – dann kocht die Wut hoch
Dieses Scheißleben ist wirklich gemein

BUCKELWALSEX

Bevor *Pur* ein neues Album im Studio aufnimmt, feilen wir lange an den Songs. Das ließ unserem Produzenten wenig Spielraum. Als wir Dieter Falk unsere Tracks für die CD *Mittendrin* vorspielten, stellte er anerkennend fest: »Das ist wirklich klasse, was ihr mal wieder abliefert! Wollt ihr mich arbeitslos machen? Was könnte ich da noch ändern wollen? Vielleicht mal hier ein Refrain weg, dort einen rein – aber das war's dann auch schon.«

Das sahen wir im Grunde genommen genauso und so erfüllte sich für Ingo und Martin der Herzenswunsch, die Produzenten-Aufgabe in Zukunft federführend zu übernehmen. Wir landeten dort, wo wir begonnen hatten. Unsere ersten beiden Alben hatten wir auch selbst produziert, damals allerdings, weil keine Plattenfirma sie haben wollte.

Das kreative Duo Engler/Reidl ist über die Jahre zu einem kreativen Trio gewachsen. Ingo und ich arbeiten im Studio sehr gern mit Multiinstrumentalist Martin Ansel zusammen, der auch im höchsten Termindruck niemals seinen knochentrockenen Humor verliert. Die ganze Band profitiert von dieser Konstellation. Manchmal texte ich für Ingos Geschmack zu schmalzig. Ingo findet ja bereits ein *Ich liebe dich* hart an der Grenze zum Kitsch, wenn nicht sogar: übertreten. Bei einem meiner Texte für die *Mittendrin*-CD wusste ich schon beim Schreiben, dass Ingo hier nachhaken würde.

»Buckelwale, die Sex haben?«, fragte er dann auch.

Ich grinste bloß.

Ingo las von dem Blatt mit meinen handschriftlichen Notizen ab. »Sie treffen sich zum Liebesspiel der anderen Dimension, göttliche Ekstase, bis zum allerhöchsten Ton?« Er wedelte mit dem Blatt durch die Luft und seufzte. »Müssen die jetzt auch noch poppen, die Buckelwale?«

»Poppen kommt von Pop und ist schön«, klärte ich ihn auf.

BUCKELWALE

Die Frage nach dem Sinn, die Frage nach dem Nutzen
Nach der Effektivität, nach dem inneren Wert
Die Frage, wie es wird, die Frage nach der Hoffnung
Nach der Stabilität, nach der besseren Welt

Sie tauchen auf, sie tauchen ein
Mächtig und liebevoll, nur um da zu sein
Sie tauchen ein, sie tauchen auf
Gewaltig und friedvoll, Zeit im Lauf

Er träumt jede Nacht von großen Buckelwalen
Er hat nie kapiert, warum, und was das soll
Und jetzt ist es ihm egal, er stellt nicht mehr die falschen Fragen
Sondern findet seinen Traum ganz einfach toll

Wer hat es verbockt? Wer pfuscht immer weiter?
Bis hinter den Horizont, sogar bis hinter den Mond
Und wer hat überlebt? Wer schwimmt immer weiter?
Der Geschichte hinterher, wohnt denn Gott im Meer?

Sie tauchen auf, sie tauchen ein
Mächtig und liebevoll, nur um da zu sein
Sie tauchen ein, sie tauchen auf
Gewaltig und friedvoll, Zeit im Lauf

Er träumt jede Nacht von großen Buckelwalen
Er hat nie kapiert, warum, und was das soll
Und jetzt ist es ihm egal, er stellt nicht mehr die falschen Fragen
Sondern findet seinen Traum ganz einfach toll

Sie treffen sich zum Liebesspiel der anderen Dimension
Göttliche Ekstase bis zum allerhöchsten Ton
Im Schutz der Tiefe, Menschen fern, der Heimtücke entfliehn
Beim Atmen doch Verletzbarkeit riskieren

Inspiriert wurde ich zu diesem Text viele Jahre zuvor bei einem Urlaub mit Hombré in der Dominikanischen Republik. Dieser Schoschone hat beruflich überhaupt nichts mit Musik zu tun. Er ist mein LDLD: Local Dealer Of Legal Drugs – Besitzer eines Getränkemarktes. Wir waren beide noch sehr jung, als er mich zu sich einlud, um mir seine absolute Hammerlieblingsplatte vorzuspielen. *Opus* hieß die Band. Ich musste den Namen nicht entziffern, als Hombré mir das Cover reichte.

»Ich bin der Sänger von denen«, sagte ich.

Vor der Dominikanischen Republik treffen sich Jahr für Jahr von Mitte Januar bis Mitte März in der Bucht von Samana die Buckelwale zur Paarung. Hombré und ich durften dieses ergreifende Schauspiel von einem kleinen Fischerboot aus beobachten. In dem Text, den ich fast ein Jahrzehnt später schrieb, geht es, im Gegensatz zu Ingos erstem Eindruck, um die Menschheit und die Frage nach dem Sinn. Und das sagte ich ihm auch.

»Dachte ich's mir doch, dass du da noch ein bisschen mehr versteckt hast als Gepoppe«, grinste er.

Auch die CD *Mittendrin* landete auf Platz eins der Charts. Für die bevorstehende Tournee ließen wir uns etwas Besonderes für unsere Fans einfallen: eine Mittelbühne. Wir wollten von allen Seiten gesehen werden, auch wenn das manchmal ein wenig anstrengend für uns sein sollte, weil es keine geschützte Ecke mehr gab, in der wir mal ausatmen konnten. Speziell für mich als Zeremonienmeister war es eine große Herausforderung, mit allen Seiten des Publikums zu kommunizieren. Das Konzept passte fantastisch zum Titel der neuen CD *Mittendrin.* So erzeugten wir ähnlich wie beim *Seiltänzertraum* oder *Mächtig viel Theater* ein Manege-Feeling. Unser Publikum liebte es und auch uns eröffnete die Mittelbühne ein besonders intensives Gemeinschaftserlebnis mit unseren Fans.

HERZBEBEN

Es hatte mich erwischt. Ich wollte das nicht. Ich wollte mit meiner Familie glücklich sein. Doch das wurde immer schwieriger. Was ich mir nicht eingestehen wollte. Ich konnte mir kaum vorstellen, den engen Kontakt zu meinen Söhnen zu verlieren. Sie brauchten mich. Und ich brauchte sie. Ich wollte Teil einer glücklichen Familie sein. Ich wollte eine glückliche Ehe führen. Aber das klappte nicht. So oft ich es auch zu den Frauen sagte, die ich kennenlernte: »Ich bin glücklich verheiratet.« Es stimmte nicht mehr. Ich war unglücklich verheiratet. Und glücklicher Papa. Ich wollte so gerne glücklich sein mit Claudia, der Mutter meiner Kinder. Alles normal. Alles wie es sich gehört. Mama, Papa, Kinder. Doch das Eis wurde dünn. Meine Abwehr schmolz. Ich hatte keine Angst vor irgendeiner Affäre. Ich hatte Angst vor Gefühlen. Ich hatte Angst davor, mich mit Haut und Haar zu verlieben, weil ich mich so sehr danach sehnte. Ich wollte mich wieder als Mann in einer Beziehung spüren, nicht bloß als Papa der Kinder. Und gleichzeitig wollte ich das auf keinen Fall.

Heimkommen war kühl geworden, denn wenn die Kinder schliefen, begannen die Gespräche. Oder das Schweigen. Claudia hatte zu Recht das Regiment in unserem Haushalt übernommen. Da ich oft unterwegs war, erwartete sie, dass ich mich in die Abläufe einfügte. Es war nicht leicht für mich, denn mein Leben war alles andere als geregelt. Mein Job lief nicht von acht bis fünf mit einer

Stunde Mittagspause, doch ich gab mir Mühe. Wenn ich es rechtzeitig schaffte, zu Hause zu sein, um die Kinder ins Bett zu bringen, hätte ich ihnen am liebsten stundenlang vorgelesen und sie nächtelang herumgetragen. Doch nach einer Geschichte schon schlossen sie rechtschaffen müde die Augen und weg waren sie. Ich blieb noch eine Weile sitzen. Wer guckt nicht gern den eigenen Kindern beim Schlafen zu?

Außerhalb der Kinderzimmer war es nicht mehr schön. Auch Claudia hatte sich vieles anders vorgestellt und sagte mir das. So standen wir uns nicht mehr als Paar gegenüber, nur noch als Eltern und entfernten uns innerlich immer mehr voneinander, während wir unsere Kinder unvermindert liebten und beide alles tun wollten, damit es ihnen gut ging. Und scheiterten. Nicht als Eltern. Aber als Ehepaar.

HERZBEBEN

Nach all dem Ab und Auf hätte ich langsam doch geglaubt
Dass ein bisschen Weisheit mich beschützt
Doch danach sieht's nicht aus
Du bringst mich durcheinander, lässt mich los, hältst mich zurück
Jeder Logik macht sich aus dem Staub für ein Paar Tropfen Glück

Lass mich meine Ängste in deinem Blick verliern
Lass uns zittern, wohlig schaudern und vibrieren

Du bist wie ein Herzbeben, erschütterst bis ins Mark
Bin irritiert, verlegen, doch jetzt erst recht ganz stark
Du bist wie ein Herzbeben, tief und mitten drin
Ich will dich erleben, wenn das allerletzte Eis zerspringt

Ich weiß doch sonst genau, was mich warum wozu führt
Ja, ich bin doch sonst so furchtbar schlau, nur indirekt berührt
Doch du kommst hemmungslos so ganz nah an mich ran
Fühl mich wehrlos, du ahnst, dass ich so nicht von dir lassen kann

Treib mich in den Wahnsinn, aber treib mich nicht zu weit
Oder bitte doch ein kleines Glück zu weit

Du bist wie ein Herzbeben ...

Ich wurde oft auf diesen Song angesprochen, doch noch viel öfter auf einen anderen von dieser CD: *Engel zu Staub.* In Dutzenden von Briefen erfuhr ich, dass dieser Text unmöglich von mir sein könnte. »Hallo Herr Engler, haben Sie das nötig, dass Sie jetzt eine Ghostwriterin für Ihre Texte engagieren?« »Lieber Hartmut, du bist ein Mann! Du kannst das nicht geschrieben haben, denn Männer verstehen Frauen nicht!«

Ich nahm es als wunderschönes Kompliment, solche Zeilen gefunden zu haben, die einer Frauenseele, einem Frauenherzen und Frauenverstand hätten entspringen können. Ich glaube nicht, dass ich ein Frauenversteher bin, auch wenn ich manchmal so genannt werde. Ich höre einfach gut zu und ich lasse Menschen nah an mich ran. Wo andere oft zumachen, geht es bei mir erst richtig weit auf.

ENGEL ZU STAUB

Ob er das meint, was er ihr sagt
Sie hört es gern
Ob er es ernst mit ihr meint?

Seine Stimme klingt weich, wenn er flüstert
Sie hat das gern
Er scheint ehrlich zu sein

Er sieht sie offen an
Ihre Knie weich
Oh, wo führt das hin?
Herz ist verliebt und betäubt

Hat er wirklich sie? Oder hat er nur
Das eine im Sinn?
Nur noch ihr Kopf, der sich sträubt

Diesmal soll alles ganz anders sein
Sie will geben, nicht, dass er sie nimmt
Und er macht es ihr leicht im Kerzenschein
Ein Glas Wein und genau die Musik, die sie liebt
Bis alles passt, alles stimmt

Sie will sich drehen, lässt sich gehen
Sie schließt ihre Augen und lässt es geschehen
Sie fließt in einen Kuss
Sie fühlt sich im Himmel, sie fühlt ihn im Schoß
Doch was bleibt?
Sie hat ihm geglaubt
Wenn sie fragt, spielt er dann taub?
Und zerfällt dann ein Engel zu Staub?

Damals nach dem Typ, nach dieser Nacht
Hat sie sich schlecht gefühlt
Kam sich ausgenutzt vor
Dieser blöde Kerl hat sich hinterher einfach weggedreht
Liebe geschworen, davor

Kann das nicht alles ganz anders sein
Mit Liebe, die beidseitig wirkt
Und mit Lust, bei der niemals die Achtung fehlt
Und man alles gemeinsam genießt und erfährt
Nichts vor dem andern verbirgt

Sie will sich drehen, lässt sich gehen
Sie schließt ihre Augen und lässt es geschehen
Sie fließt in einen Kuss
Sie fühlt sich im Himmel, sie fühlt ihn im Schoß
Doch was bleibt?
Sie hat ihm geglaubt
Wenn sie fragt, spielt er dann taub?
Und zerfällt dann ein Engel zu Staub?

Da war auch mal einfach 'ne sehr schöne Nacht
Mit 'nem guten Freund, hat Spaß gemacht
Da war auch nicht mehr, das war beiden klar
Keine Lügen, keine Liebesgefahr
Doch das ist nicht, was sie jetzt will
Das ist nicht mehr das, was sie jetzt will

Sie will sich drehen ...

WALZER FÜR DICH

2001 im Dezember starb mein Vater im Alter von 78 Jahren. Er schlief einfach ein und wachte nicht mehr auf. Meine Mutter fand ihn morgens ohne Atem. In der Zeit vor seinem Tod besuchte ich ihn oft. Ich gehöre nicht zu den Söhnen, die das Gefühl hatten, sie müssten ihrem Vater noch viel sagen. Wir sprachen mit wenigen Ausnahmen immer über alles, was mich bewegte – zu der Zeit, als die Themen aktuell waren. Mit zunehmendem Alter komme ich meinem Vater immer näher, weil ich ihn gelegentlich in mir ertappe. Und dann verstehe ich ihn noch ein Stückchen mehr.

WALZER FÜR DICH

Ein Name und Zahlen auf einem Stein
Ein Kreuz, eine Kerze und Blumen dabei
Bescheiden und still, versöhnlich und schlicht
Kein Ort, an dem man Belangloses spricht
Letzte Ruhe, du hast dran geglaubt
Die Seele zu Gott, der Körper zu Staub
Ich wünsch, dass du recht hast
Das wäre tröstlich
Dann weißt du ja jetzt: Ich vergesse dich nicht

Und jetzt steh ich hier und bin nah bei dir
Ja ich seh dich noch tanzen im Dreivierteltakt
mit Mama im Arm, wie ihr beide laut lacht
Das Gute verinnern, das blieb
Du warst mein Papa: Ich hatte dich lieb

Wir haben gestritten, uns angebrüllt
Und wehgetan, Fehler gemacht
Doch Verzeihen, Versöhnen, den anderen verstehn
Hast du mir beigebracht
Und jetzt steh ich hier und bin nah bei dir
Bist am Ende der Krankheit erlegen
In friedlich erlösendem schmerzlosem Schlaf
»Man kann doch nicht alles haben im Leben«, hast du oft gesagt
Und ich hab nur gelacht
Doch glaub mir, ich hab nachgedacht

Und jetzt steh ich hier und bin nah bei dir
Ich seh dich noch tanzen im Dreivierteltakt
mit Mama im Arm, wie ihr beide laut lacht
Das Gute verinnern, das blieb
Glaube mir, Papa: Ich behalte dich lieb

Die José-Carreras-Gala wünschte sich dieses Lied von *Pur.* Wir sollten es zusammen mit einem großen Orchester live spielen. Dieser Auftritt führte mich an meine Grenzen. Ich habe später von vielen Menschen gehört, dass sie mir das ansahen, sogar auf dem Bildschirm. Mit beiden Händen musste ich das Mikrofon festhalten, so stark war mein inneres Vibrieren – und der Mikrofonkopf wackelte deutlich sichtbar. Wir versuchten später noch einige Male, den Song live zu spielen, doch immer wieder schossen mir Tränen in die Augen. So nahmen wir das Lied aus dem Programm. Die Melodie trage ich im Herzen.

ABGESCHOSSEN

Viele Menschen glauben, man würde sich verändern, wenn man im Rampenlicht steht. Und sie haben recht damit. Man verändert sich. Doch es liegt nicht an einem selbst, sondern ausnahmsweise an den anderen. Zuerst verändern sich nämlich die anderen. Dann verändert man sich selbst. Man reagiert sozusagen auf ein verändertes Verhalten der Umwelt. Wenn man ein Restaurant betritt und alle starren oder starren unauffällig nicht. Wenn man beim Friseur sitzt, einen Strauß Blumen kauft, irgendwohin fliegt. Die Konzentration der Blicke. Das Abwarten: Wann schaut er in eine andere Richtung, damit ich hinschauen kann. Und – seitdem manche Zeitungen für das Promiabschießen bezahlen: Zück die Kamera, vielleicht erlegen wir ihn spektakulär und kassieren das Kopfgeld für diesen 500-Euro-Schnappschuss.

Einem Menschen im Medienkarussell wird häufig die Privatsphäre entzogen. Er ist nicht mehr allein für sein Leben zuständig, er geht in den Besitz der Allgemeinheit über. Jeder scheint das Recht zu haben, hinter seinem Rücken zu tuscheln oder auch mal laut kund zu tun: Den find ich gut/Den find ich scheiße.

Die Kameras laufen pausenlos. Das rote Licht leuchtet überall. Auch im Gemüseladen und beim Überqueren eines Zebrastreifens. Guck mal, wer da ist!

Ja, ich bin es. Der Sänger von *Pur*. Meine Mitmusiker haben es diesbezüglich leichter als ich. Klar werden sie auch mal erkannt.

Aber nicht ständig, nicht so wie ich, der ich am meisten fotografiert, interviewt und kommentiert werde. Der mit der Locke, der mit dem Ohrring, der mit der Nase, du weißt schon, die Nase! Bei meinem letzten Besuch in einer öffentlichen Sauna waren sämtliche Mitsaunisten damit beschäftigt, den altbekannten Spruch über die Nase des Johannes einem Realitätsvergleich zu unterziehen, Auge um Auge, höflicherweise nicht radikal frontal, sondern aus der Dimmerdeckung heraus. Und ich hatte einfach nur ein wenig entspannen wollen. Heute sauniere ich in meinen eigenen vier Wänden. Je mehr Aufmerksamkeit ich »draußen« erfahre, desto wichtiger ist mir die geschützte Atmosphäre innerhalb der eigenen Wohnung. Nicht alle Annehmlichkeiten sind Luxus. Manche sind einfach notwendig, um sich ein Stück der Freiheit zurückzuholen, die man als Prominenter verliert. Und das betrifft nicht nur mich, sondern auch meine Familie. Nein, so hatte ich mir die Ungebundenheit des Musikerdaseins nicht vorgestellt. Ich hatte geglaubt, als Musiker würde ich frei sein. Die Wirklichkeit sieht anders aus. Zum Beispiel so:

Ein Sonntagabend in einer deutschen Kleinstadt, mit meinem Freund Larry sitze ich beim Italiener.

Ich trage ein weißes Hemd und esse Spagetti mit Tomatensoße. Einen Tisch entfernt speist ein Ehepaar mit zwei kleinen Kindern, die mich verstohlen beobachten. Das Essen wird anstrengend. Ich bemühte mich, keine roten Flecken auf mein weißes Hemd zu kleckern. Larry erzählt mir etwas. Ich würde gern konzentriert zuhören, doch seitlich in meinem Rücken zischt die Vaterstimme: »Ja geh doch rüber zu ihm«, und die Mamastimme: »Lass sie doch.« Ich höre eine weinerliche Kinderstimme und eine andere, die laut flüstert: »Das ist er! Das ist er wirklich! Der sieht aus wie auf der CD, bloß die Nase ist viel größer.«

»Dann geh doch mal zu ihm«, die Papastimme.

»Der freut sich bestimmt«, die Mamastimme.

»Kannst dir ein Autogramm holen«, wieder der Papa. »Da sind dann morgen alle neidisch, wenn du das rumzeigst.«

Ich wickle ein paar Nudeln um die Gabel, als der Papa sein kleines Mädchen an meinen Tisch schiebt. Kein Gruß, keine Frage. Warum auch? Ich gehör ja allen.

»Sie hätte gern ein Autogramm von Ihnen, Herr Engler.«

»Entschuldigung«, sage ich und ärgere mich darüber, dass ich das sage, fast so, als wollte ich es ihm in den Mund legen. »Entschuldigung, ich esse gerade.«

Die Kleine reißt sich los von der Hand und will zurückrennen an den Tisch. Der Vater fängt sie wieder ein. »Na, jetzt ist sie plötzlich schüchtern«, stellt er sein Kind bloß.

»Nein«, erwidere ich, »Ihre Tochter ist nur besser erzogen als Sie.«

Jetzt begreift er. Es ist ihm peinlich. Das hat er nicht gewollt. Er hat sich einfach keine Gedanken gemacht.

»Entschuldigung«, stammelt er und geht zurück zu seinem Tisch, ruft noch ein »Guten Appetit!« nach.

Der ist mir vergangen. Ich wollte bloß Spagetti mit Tomatensoße essen und mich mit Larry unterhalten. Unser Gespräch ist gestört. Larry fühlt sich jetzt auch beobachtet. Er schüttet ein Glas Rotwein um.

»Ohne mich wär dir das nicht passiert«, tröste ich ihn, weil ich überzeugt davon bin, dass ich die anderen in diese Situation bringe, wie ich selbst in solche Situationen gebracht werde.

Als mein Teller leer ist, gehe ich zum Nebentisch und schreibe ein Autogramm auf eine Serviette. Verblüfft starrt mich die Familie an. Damit haben sie nicht gerechnet. Ob sie jetzt zu Hause die Telefondrähte zum Glühen bringen: Der *Pur*-Sänger hat Soßenflecken auf dem Hemd?

UNGEHEUER

Du weißt nicht, ob ich bin, was ich scheine
Du weißt nicht, wie ich gerne wär
Du weißt auch nicht, wie ich dies und das meine
Denn alles geb ich nicht her
Ich singe gern, und für mich ist das wichtig
Und es ist schön, wenn es dir genauso geht
Glaub mir, ich geb mir Mühe, und es scheint richtig
Was hinter alledem steht

Angehimmelt, ohne Zweifel bewundert
Da wächst die Angst, dass ich enttäuschen kann
Ich sing nur ein Lied, und du erwartest ein Wunder
Wo hört das auf, und was fängt dann an?

Ich bin kein Heiliger, ich bin auch kein Ungeheuer
Es geht mir besser, wenn ich ehrlich bin
Bin nicht genial, doch vor allem auch nicht bescheuert
Ich hab ein Recht auf meinen Eigensinn, oh ja!

Da! Sie haben mich ertappt beim Essen!
Mit der Spagettisoße auf dem Kinn
Verdammt! Ich hatte gerade wieder mal vergessen
Dass ich ja öffentlich bin

Hoch gelobt in den goldenen Käfig
Der Weg nach draußen wird bedenklich schmal
Da muss ich wohl durch, denn das bin ich euch schuldig
Kleb mich am Boden fest, wer ist normal?

Ich bin kein Heiliger, ich bin auch kein Ungeheuer
Es geht mir besser, wenn ich ehrlich bin
Bin nicht genial, doch vor allem auch nicht bescheuert
Ich hab ein Recht auf meinen Eigensinn, oh ja!

MIT DEM KAISER IN TOKIO HOTEL

»Rate mal, wer mich gerade aus Japan angerufen hat?«, fragte unser Manager Uli mich am Telefon und klang so gekickt, dass es sich wirklich um jemand Besonderen handeln musste.

»Der Kaiser von China?«, mutmaßte ich.

»Fünfzigprozentiger Treffer«, erwiderte Uli. »Es war nicht nur der Kaiser. Rudi Völler und Reiner Calmund waren auch in der Lei-Tung.«

Mir fiel fast der Hörer aus der Hand, als ich erfuhr, warum der Kaiser sich bei *Pur* gemeldet hatte: Niemand hatte 2002 damit gerechnet, dass es die Deutsche Fußballnationalmannschaft bis ins Endspiel der Fußballweltmeisterschaft schaffen würde. Nun fehlte eine Band für die gebührende Abschlussfeier im Hotel.

»Wir lassen unsere Jungs doch nicht hängen?«, fragte Uli. An seiner Stimme hörte ich, dass er bereits eingecheckt hatte.

Was für eine Ehre! Und das mir! Uns! Fußball war einmal mein Leben gewesen. Nun sollte ich vor den ganz Großen singen dürfen! Beckenbauer, mein Fußballheld, als ich ein kleiner Junge war, und die ganze aktuelle Fußballnationalmannschaft mit Ballack, Kahn und Co. Keiner von uns fragte nach der Gage für diesen Gig in Japan. Uns interessierte lediglich, wann wir am Flughafen sein sollten. Schon am nächsten Vormittag startete die Maschine. Nach der Ankunft in Tokio konnten wir noch kurz schlafen, bei mir handelte es sich eher um einen Versuch, dann wurden wir zum

Endspiel abgeholt, das die deutsche Mannschaft leider verlor. Die Stimmung war trotzdem großartig, als *Pur* auf der Bühne des Ballsaals des Sheraton Bay Hotels in Yokohama stand und nicht mal eine Setlist in der Tasche hatte, von einer ausgefeilten Bühnenshow ganz zu schweigen. Ich schwebte im siebten Fußballerhimmel, als ich mit Franz Beckenbauer im Duett sang: *Gute Freunde kann niemand trennen, gute Freunde sind nie allein.* Ich kann nicht beurteilen, wie des Kaisers Singstimme klingt, ich hörte ihn nicht, weil alle Gäste mitsangen. Wir spielten bis morgens um fünf. Die letzten Gäste, die nicht zum DFB gehörten, waren der Bundeskanzler Gerhard Schröder und seine Frau Doris. Mit beiden hatten wir viel Spaß, und Gerd lud die Band einige Wochen danach in seine Lieblingspizzeria in Hannover ein. Da tauschten wir auch ein paar Anekdoten aus dem Showbiz und Politbiz, die wir taktvoll gleich wieder vergaßen.

Dieser Ballzauber in Japan war nicht der einzige, den ich erleben durfte, nachdem ich selbst als Teenager die Fußballschuhe an den Nagel gehängt hatte. Der Fußballeuropameister Stefan Kunz fragte mich, ob ich mich für sein Abschiedsspiel für eine Promi-Mannschaft aufstellen lassen würde. So etwas hatte ich schon mal gewagt, seinerzeit in einem Team mit Michael Schumacher und Boris Becker. Es hatte großen Spaß, gemacht und gern sagte ich auch diesmal zu – gespannt darauf, wer zu meiner Mannschaft gehören würde. Als ich in der Umkleidekabine die Namen meiner Mitspieler las, die gegen den 1. FC Kaiserslautern antreten sollten, bekam ich weiche Knie. Stefan hatte mich ausgetrickst. Ich war der einzige Nicht-Fußballprofi dieser Elf! Deren damaliger Trainer Christoph Daum, den noch niemand mit der Schickeria und deren Doping in Verbindung brachte, hatte die illustre Mannschaft zusammengestellt. Linkes Mittelfeld Pierre Littbarski, rechtes Thomas Häßler, im Sturm Rudi Völler und so ging es weiter. Mein Trikot zeigte die 10. Stolz und entsetzt zugleich lief ich ins

Stadion ein und nutzte die Schiedsrichterbegrüßung, den Jungs vom FC Kaiserslautern zu erklären, dass ich zwar täglich das Laufen trainierte, nicht aber das Fallen. Ich bat um Gnade bei Körperkontakt und Verzicht auf ein zu hartes Takling, da mir eine Tournee mit *Pur* bevorstand. Grinsend klatschten sie mich ab. Und dann ging es los. In einem Höllentempo! Nachdem ich zwei großartige von Thomas Häßler frei gespielte Torchancen versemmelt hatte, täuschte ich nach zwanzig Minuten – wahrscheinlich zur Erleichterung aller, sicher aber zu meiner eigenen – mit heraushängender Zunge eine Oberschenkelzerrung vor und verließ das Spielfeld in der Gewissheit, dass an mir kein Profifußballer verloren gegangen war, wie ich es als Junge erträumt hatte.

WANTED!

2002 zog ich aus dem Haus in Bietigheim aus, das wir gekauft hatten, als uns der Anbau auf dem Grundstück meiner Eltern in Ingersheim zu klein geworden war. Claudia und ich hatten es nicht geschafft, unsere Krise zu bewältigen, obwohl wir alles versucht hatten, auch eine Paartherapie. Nur die Kinder hielten uns noch zusammen. Sie hatten es gut bei Claudi, die ihnen eine wunderbare Mutter ist. Ich musste nicht befürchten, sie würde die Kinder gegen mich ausspielen. Dennoch lief unsere Trennung nicht harmonisch ab. Es gab viele bittere Gespräche und dauerte letztlich Jahre, bis sich unser Umgang normalisierte und so entspannt ist, wie er nun abläuft. Heute sind wir eine kunterbunte Patchworkfamilie, die im November 2010 mit einem Halbbrüderchen für meine Jungs noch mal Zuwachs bekam.

In der ersten Zeit nach der Trennung vermisste ich meine Kinder schmerzlich. Ich sah sie am Wochenende, und das war mir zu wenig, viel zu wenig. Außerdem verliefen diese Treffen oft traurig. Philip und Felix vermissten mich auch. Es gab häufig Tränen beim Abschied, und wenn ich dann allein in meiner Dachgeschosswohnung in einem Mehrfamilien-Betonklotz saß, fühlte ich mich wie der einsamste Mensch der Welt. Ich hatte einfach das Erstbeste gemietet. Ich wollte raus aus unserem Familienhaus, in Ruhe nachdenken, mir über meine und unsere Zukunft klar werden. Doch ich kam nicht zum Nachdenken in dieser betonierten Umgebung, ich kam nur schlecht drauf. So enge kleine Räume war ich nicht mehr gewöhnt. Ich fühlte mich entwurzelt. Die Sehnsucht nach meinen Kindern war wie ein körperlicher Schmerz. Knapp zwei Wochen nachdem ich einigen guten Freunden von der Trennung erzählt hatte, meldete die Bildzeitung über eine halbe Seite »Traum-Ehe kaputt«. An den darauffolgenden beiden Tagen wurde mir diese Ehre erneut erwiesen. Dreimal Schlagzeile. Dreimal erschlagen. Natürlich war es mir bewusst, dass ich unter verschärfter Beobachtung stand. Natürlich hatte ich bemerkt, dass sich viele Medien wesentlich mehr für mein Privatleben als für meine Texte interessierten. Doch das war doch nun bitte sehr privat. Und sehr traurig. Ich war dabei, meine Familie zu verlieren. Ein Lebenstraum lag in Scherben. Ich hatte zwei kleine Kinder.

Woher wussten die Medien das überhaupt?

Konnte ich meinen Freunden nicht mehr trauen? Ich hatte nur wenigen von der Trennung erzählt. Was war verdammt noch mal schlagzeilenträchtig daran, wenn sich ein Mann und eine Frau trennten? Das passierte ständig, überall. Aber ich war ein Promi. Und jetzt hatte ich den Preis zu zahlen. Aus den Zeitungen und Magazinen erfuhr ich nach und nach, was in meinem Ehevertrag stand und viele andere Details, die ich selbst weder gesagt noch getan oder erlebt hatte. Mit einer Mischung aus Faszination, Ekel, Staunen und Fassungslosigkeit erlebte ich das geheuchelte Mitgefühl der Medien und hätte mir in meinen schlimmsten Träumen nicht ausgemalt, dass das alles erst der harmlose Anfang war, dass es noch viel, viel schlimmer kommen sollte.

Noch immer glaubte ich, nicht wirklich interessant zu sein. Ich war doch bloß der Sänger von *Pur*. Der Typ von nebenan mit dem sozialen Gewissen, gänzlich frei von Glamour. Doch ich hatte mich getäuscht. Aus den Klatschmagazinen und den Zeitungen erfuhr ich ständig neue Indiskretionen und Märchen, die

»Freunde der Familie«, wie es heißt, wenn sich jemand etwas aus den Fingern saugt, preisgegeben haben sollten.

Ein älterer Kollege versuchte einmal mich zu trösten, indem er meinte, ich wäre sehr lang in Ruhe gelassen worden. Vielleicht hat er recht. Jedenfalls lernte ich nun nach den vielen schönen Jahren im Licht auch die Kellerräume der Prominenz kennen, und leider war auch meine Familie davon betroffen. In den drei Tagen, in denen ich die Ehre hatte, die Schlagzeilen zu dominieren, standen bei Claudia und den Kindern Kamerateams der einschlägigen Sender. Claudia rief mich verzweifelt an. »Was soll ich machen? Ich muss die Kinder in den Kindergarten bringen!«

»Sprich mit keinem! Filmen dürfen sie euch nicht.«

»Aber sie rücken mir auf die Pelle.«

»Brauchst du Hilfe?«

»Um Gottes willen!«, rief Claudia. »Wenn du jetzt noch auftauchst, dann geht es doch erst recht los.«

Ich floh zu einem Freund nach Süddeutschland. Leider musste ich zwischendurch mal tanken. Die Schlange an der Kasse war lang, das Kartenlesegerät meldete piepsend *Error* und alle starrten auf mein Bild an der Kasse neben den Süßigkeiten … und auf mich. Ich kam mir vor wie ein per Steckbrief gesuchter Verbrecher. Irgendjemand fing an, den Artikel laut und genüsslich vorzulesen. In Tankstellen gibt es für gewöhnlich keine Mauselöcher und auch die Erde tut sich nicht auf, um einem Zuflucht zu gewähren, was mir in dieser Situation das Liebste gewesen wäre. Ich wollte bloß noch eins: unsichtbar sein.

So schnell wie der Spuk gekommen war, verschwand er auch wieder. Irgendein anderer Promi hatte sich verliebt oder getrennt, ein Kind gekriegt oder war mit dem Absatz an einer Bordsteinkante hängen geblieben, vielleicht hatte sich ein Promi-Kanarienvogel den Magen verdorben oder es war irgendwo ein Atomwaffentest durchgeführt worden oder hatte einen terroristischen Anschlag in einer europäischen Großstadt gegeben. Jedenfalls war ich out. Endlich konnte ich mich um die wirklich wichtigen Dinge kümmern. Dazu gehörte vor allem die Wohnsituation unserer Familie. Mit Claudia besprach ich, dass sie und die Kinder in unser altes Haus bei meinen Eltern zurückkehren sollten. Ich zog allein in das neue Haus in Bietigheim, das wir zuvor gemeinsam bewohnt hatten. So konnten meine Ex-Frau und die Kinder in der Nachbarschaft der Oma ein normales Leben führen, während ich mich in dem Gebäude am Ende einer Sackgasse gut abgeschirmt fühlte. Von außen sah niemand in den Garten. Hier war ich wirklich unbeobachtet. Im Garten richtete ich mir ein Kreativzentrum ein. In diesem Holzpavillon gibt es weder Telefon noch Fax und auch keinen Computer. Hier ziehe ich mich zurück, wenn ich für mich sein und nachdenken möchte, in dieser »Dichterstube« entstehen viele meiner Texte. Die schreibe ich nach wie vor mit der Hand. Zwei eingefleischte Fans schenkten mir mal ein Holzschildchen mit den eingebrannten Worten *Hartl's Hirnhäusle* – und so heißt der Pavillon seitdem, wie jeder lesen kann, der eintritt.

WAS IST PASSIERT?

Im Frühjahr 2003 schlug Uli ein Duett für das nächste Album vor.

»Gute Idee«, stimmte ich zu, denn so was hatten wir bisher noch nicht.«

Gemeinsam überlegten wir, wer in Frage käme.

Bei Ulis Geburtstagsparty im Jahr davor hatte er als Mitternachtsshowgast die Schweizer Sängerin Nubya eingeladen, die mich mit ihrer souligen Powerstimme nachhaltig beeindruckte. Auch menschlich fand ich sie sehr sympathisch, wir unterhielten uns damals bis in die Morgenstunden.

»Was hältst du von Nubya?«, wollte Uli nun wissen.

»Super Idee!«, rief ich und ärgerte mich, weil ich nicht selbst darauf gekommen war.

Uli zögerte. »Aber meinst du, sie klingt auch gut, wenn sie deutsch singt? Ihre Songs sind doch normalerweise englisch?«

»Einen Versuch ist es wert«, meinte ich.

»Dann kümmere ich mich mal um ein Demo-Tape.«

Nubya konnte nicht nur Englisch, sondern auch Hochdeutsch. Und diese Stimme! Wir waren alle begeistert und luden sie ein nach Bietigheim in unser Tonstudio. Vom ersten Moment an hatte ich einen ganz besonderen Draht zu ihr. Ja, sie war schön. Atemberaubend schön, um genau zu sein. Doch das war es nicht allein. Es waren unsere Gespräche. Ihr Blick auf die Welt. Und immer wieder: Dieses Lachen. Eine Reihe strahlend weißer Perlen. Da ging die Sonne auf für mich.

Nubya faszinierte mich. Sie war so anders als all die Frauen, die ich bisher kennen gelernt hatte. Das war eine wie ich. Die definierte sich über ihren Gesang, ihre Musik. Die stand gern auf der Bühne. Und sie hatte denselben Groove im Blut wie ich, auch wenn ihre Mutter Schweizerin ist und ihr Vater aus Nigeria stammt. Zum ersten Mal in meinem Leben hatte ich das Gefühl, einer Seelenverwandten begegnet zu sein. Alles war so intensiv mit Nubya, obwohl wir erst mal brav unser Duett sangen. Es wurde eine starke Aufnahme. Mir erschien es so, als würden wir hinter den Zeilen weitersingen, und nur wir beide verstanden diese geheime Sprache.

Nubya wohnte in Basel. Ich besuchte sie. Dann besuchte sie mich und ich besuchte sie. Eines Tages rief mich meine Lieblingszeitung an.

»Hartmut, hast du eigentlich eine neue Freundin?«

»Was wisst ihr, was ich nicht weiß?«

»Kann es sein, dass du mit einer auffallend großen schönen farbigen Frau auf einer Party gesehen wurdest?«

Ich wollte die zarten Triebe zwischen Nubya und mir, die gerade erst sprießten, nicht in das grelle Licht der Öffentlichkeit zerren. Doch mir war natürlich klar, dass die Reporter bereits eine Spur verfolgten. Es ist wie ein Spiel. Sie die Jäger, ich der Gejagte. Eine Hetzjagd sollte das nicht werden. Ich besprach mich mit Uli und wir beschlossen, in Bälde einen Termin zu verabreden, an dem Nubya und ich an die Öffentlichkeit gehen würden. Das war mir lieber, als mit ständiger Beschattung rechnen zu müssen. Unsere Entscheidung war richtig, denn im nächsten Telefonat erfuhr ich, dass die Frau, mit der ich gesehen worden war, eine bekannte Sängerin sei.

»Ja, das ist richtig. Wir nehmen gerade einen Song zusammen

auf. Wenn es darüber hinaus was zu melden gibt, werde ich es dich wissen lassen.«

Ein paar Tage später standen Journalisten vor der Tür als ich mit Nubya das Tonstudio verließ. Und so wurde aus der wunderschönen intelligenten grandiosen Sängern auch noch »die Neue von Hartmut«.

Wie die meisten Männer telefonierte ich nicht gern stundenlang. Das änderte sich schlagartig. Ich war verliebt. Hals über Kopf und wahnsinnig und meine Ohren glühten. Stundenlang hätte ich Nubya zuhören können, ich liebte ihre warme Stimme. Meine Gedanken, meine Gefühle – alles drehte sich um diese schöne Schweizer Seelenschwester. Doch die war anders als einfach. Die hatte ihr eigenes Ding. Die zog nicht sofort zu mir. Die hielt mir nicht den Rücken frei. Die applaudierte mir nicht. Die stand selbst im Licht. Und wenn ich sie wollte, und das wollte ich, um jeden Preis, musste ich mich anpassen und zu etwas ja sagen, was ich niemals von mir erwartet hätte. Wie schön, dass man sich immer wieder überraschen kann! Ich sagte ja zu einer Fernbeziehung. Was andere normalerweise im Studentenalter abhaken, fing für mich nun an. Basel-Bietigheim. Und große Sehnsucht. War ich 42? Nein, eher 17 und mit meiner Traumfrau zusammen! Manchmal konnte ich das kaum fassen. Als ich sie seinerzeit bei Ulis Geburtstagsparty traf, hätte ich niemals vermutet, sie könne sich für mich als Mann interessieren. Hatte sie aber, wie ich nun erfuhr. Die spielt doch in einer ganz anderen Liga, hatte ich angenommen und mich getäuscht. So wie ich sie erkannte, erkannte sie mich. Wir fühlten uns füreinander bestimmt. Es kam uns beiden vor, als hätten wir lange aufeinander gewartet. Und wo auch immer wir uns befanden, wer auch immer um uns herum saß und redete – alles verstummte, verblasste, wir sahen nur uns, wir hörten nur uns, wir tauchten tief ein in die zarte Welt unserer Verliebtheit.

»Entschuldigung, ich würde dann gerne abkassieren, weil wir schließen.«

Wir schauten auf die Uhr und hatten schon wieder fünf Stunden geredet, das passierte ständig, nie versiegten die Worte, so viel mussten wir uns erzählen und vergleichen: »Kennst du dieses Gefühl?«

Erlebte ich diese Liebe wie einen Rausch, weil wir uns so selten trafen? Nicht nur ich hatte viele Termine wahrzunehmen, Nubya war in der Schweiz sehr gefragt und sang auf vielen Bühnen. Ich war mit der Band im Studio bei der Produktion unseres neuen Albums. Und außerdem wollte ich meine Söhne nicht vernachlässigen. Da blieb wenig Zeit für die Liebe, und die Telefonate waren längst kein Ersatz, und ständig musste ich, musste sie unterbrechen, weil ein Termin anstand. Wir trafen uns in Basel, auf Mallorca, in Bietigheim. Und das war erst der Anfang. Nubya liebte es zu reisen. Sie wollte so viel wie möglich über fremde Kulturen wissen und steckte mich an mit ihrer Entdeckungsfreude. So veränderte ich mich. Der Sohn seiner Eltern, der sich vor vielen Jahren schon fast als Kosmopolit gefühlt hatte mit einer Freundin in Esslingen, reiste nun durch die Weltgeschichte. Argentinien, Brasilien, China, Indien, Thailand. Nubya hatte ein Jahr lang in New York Gesang studiert und natürlich musste sie mir all ihre geheimen Orte zeigen. Was wie Urlaub klingen mag, war meistens mit Charityaufgaben und Repräsentationspflichten verbunden. Allein Thailand und New York konnten wir als Urlaubsreisen verbuchen. Gern wären wir länger geblieben, doch mehr als zwei bis sechs Tage gönnten uns die Terminkalender nie und es war schwer genug, solche Liebeszonen in zwei Terminkalendern freizuschaufeln..

SOS

Der Band *Pur* waren Galas und Benefiz-Konzerte irgendwann nicht mehr genug Engagement. Wenn man die Not in der Welt wirklich lindern möchte – und man muss sich bewusst sein, dass es immer nur Tropfen auf einen heißen Stein sind – dann genügt es nicht, im Fernsehen bei einer Aids-Gala oder in einer Samstagabend-Show zugunsten der Aktion Sorgenkind aufzutreten. Das kostet maximal einen Tag und wird hoch vergolten durch den Zuwachs an positivem Image. *Pur* wollte mehr geben. Als die Hilfsorganisation SOS Kinderdörfer zur Fußball-WM 2006 die Spendenaktion *6 Dörfer für 2006* ins Leben rief, schrieben wir nicht nur den Song *SOS*, dessen Erlös an diese Aktion ging. Wir wollten uns ein eigenes Bild von der Situation machen. Mit Nubya besuchte die Band ein Kinderdorf in Nigeria. Bei dieser Gelegenheit stellte Nubya mich auch ihren afrikanischen Verwandten vor. Die Erlebnisse in dem Kinderdorf und überhaupt in Nigeria prägten mich so nachhaltig, dass ich später erneut dorthin flog.

Not auf dem Fernsehbildschirm zu sehen und dabei in einem behaglichen Zimmer auf der bequemen Couch zu sitzen oder Not hautnah zu erleben, das ist ein Unterschied wie Tag und Nacht. Die Not, die wir gezeigt bekommen, ist nichts zu dem, wie es in Wirklichkeit in den betroffenen Gebieten aussieht. Ich bin mir absolut sicher, dass keine Hilfsorganisation über Geldmangel klagen müsste, wenn mehr Menschen diese fremde Not für ein paar Minuten hautnah erfahren würden. Und dann die Dankbarkeit über den Besuch, über jede kleine Unterstützung. Jenen Menschen, die nicht wegsehen, sondern ihr Leben damit verbringen, anderen zu helfen, zolle ich höchsten Respekt. Dazu muss man im Übrigen nicht nach Afrika reisen. Es gibt auch in Deutschland unzählige Möglichkeiten, ehrenamtlich tätig zu werden, und wenn nicht so viele Menschen tatkräftig anpacken würden, stünde unsere Gesellschaft wesentlich ärmer und kälter da. Ob jemand in Stuttgart für Obdachlose heiße Kartoffelsuppe schöpft oder in Indien eine Schule aufbaut, man sieht in leuchtende Gesichter, nicht nur wenn man die betrachtet, denen geholfen wird. Ich wünsche mir, dass möglichst viele Menschen entdecken, dass Helfen Freude macht und das Herz wärmt.

JUST A SINGER

2005 erschien mein erstes und gleichzeitig einziges Solo-Album. Bei einer firmeninternen Party unserer Plattenfirma EMI gab *Pur* spontan ein paar Stücke zum Besten, so ähnlich wie damals in unseren Anfangstagen als Coverband in den Amiclubs. EMI-Chef Heinz Canibol zeigte sich beeindruckt: »Überleg dir mal, ob du nicht ein englischsprachiges Album machen willst«, bat er mich.

»Danke für das Angebot. Aber erstens habe ich keine Zeit und zweitens singe ich lieber auf Deutsch.«

Heinz sprach mich in den nächsten Wochen immer wieder auf die Platte an und unterbreitete mir schließlich ein Angebot, das ich nicht ablehnen konnte.

»Du kriegst ein Budget, Produzenten und eine Mitarbeiterin zur Seite gestellt, die eigens für dich Songs aussucht. Du pickst dir die Stücke raus, die du richtig gut findest. Die werden vorproduziert und du singst einfach drauf. Was hältst du davon?«

»Das hört sich an wie ein Traum.«

»Dann lass ihn uns wahr machen.«

Ich fand keinen einzigen Haken an diesem Angebot und schlug ein. Durch die englischen Texte stand das Projekt nicht in Konkurrenz zu meiner Arbeit mit *Pur*, sodass ich wegen dieses »Seitensprungs« kein schlechtes Gewissen haben brauchte. Zudem war der Zeitpunkt günstig, da *Pur* gerade eine Regenerationspause verabredet hatte. Mit Roland Spremberg, der auch die norwegische Band *A-ha* produzierte, nahm ich die Gesangsparts in meinem Haus auf Mallorca auf. Es war mehr Urlaub denn Arbeit. Als *Just A Singer* in den Charts auftauchte, schrieb sogar der *Stern* darüber. Der Rezensent hatte mit seinen Kollegen ein kleines Experiment gemacht: Er spielte der Redaktion die CD vor, ohne ihr zu verraten, wer da sang. Mehr als die Hälfte des Redaktionsteams tippte darauf, dass es sich um das neue Werk von Robbie Williams handeln müsse und fand die Platte ganz okay. Als der Rezensent offenlegte, dass seine Kolleginnen und Kollegen soeben das Solo-Album des Sängers von *Pur* gehört hatten, mischten sich Scham und blankes Entsetzen in das Staunen. Wie konnte man den Schmusepopper aus Bietigheim mit einem Weltstar verwechseln. Ich mag diese Anekdote. Nicht nur, weil ich Robbie Williams für einen exzellenten Sänger halte und mir der Vergleich schmeichelt.

Gelegentlich wurde *Pur* vorgeworfen, aus verklärten Weltverbesserern zu bestehen. Früher kränkte mich das. Heute denke ich: Was ist so schlimm daran, am Lebensziel besserer Mensch? Ich möchte mich zu dem Hartmut Engler entwickeln, der ich am liebsten wäre. Deshalb schreibe ich manchmal Songs, die besser sind als ich es bin. Beim Texten schaue ich sozusagen in einen Spiegel und fordere mich auf, mich anzustrengen, das Beste aus mir rauszuholen. Das ist kein Appell an die Menschheit, das ist erst mal ein Appell an mich. Darüber hinaus ist Musik für mich eine Möglichkeit, anderen Menschen über ihre Gefühle eine neue Sichtweise näherzubringen. Wenn das für ein paar Augenblicke gelingt, dann freut mich das. Ich selbst lerne auch gern neue Sichtweisen kennen. Gibt es nicht fast so viele wie Menschen?

Dem Album *Just a Singer* folgte eine Clubtour. Auf diesem Album ist mein einziger englischsprachiger Text veröffentlicht, für den Roland Spremberg und ich die Musik schrieben.

JUST A SINGER

Started to sing in a band at school
A 15 year old boy not really cool
I had posters of the Beatles on my walls
And dreamed of full packes concert halls

But no one told me how and why
It all just needed that first try

And as the years went by
My dreams came true
Right in the middle of the stage
I knew, what to do
I learned how to fly
And I learned to come down
Sometimes a wise man and sometimes a clown

But please don't ask me how and why
It all just followed that first try

I sing what I mean
Believe it or not
The words maybe cool, the lines maybe hot
I don't want to cheat and I don't want to lie
You get what you hear till my last goodbye

No matter if a looser
No matter if a winner
But after all, thats for sure
In the end

I'm just a singer
Singing my songs for you
I'm just a singer
It's singing thats helping to get through

I still don't know about how and why
But it's getting better with every try

40 and more of my years just past
And I wonder for how long this could last
I hope it's half way there's plenty of time
To give and to take and to make life rhym

And sometimes a looser
And sometimes a winner
But after all, and thats for sure
In the end

I'm just a singer …

Nubya begleitete mich wie schon auf der *Pur*-Tour *Was ist passiert* 2003 auch auf der Clubtour – eine besonders schöne Erfahrung für mich, Abend für Abend mit meiner Partnerin auf der Bühne zu stehen, dasselbe zu erleben, Menschen zu begeistern. Nebeneinander im Applausregen und dann gemeinsam zurück ins Hotel und am nächsten Morgen weiter, Seit an Seit in die nächste Stadt. Der Erfolg meiner Solo-CD und der Tournee war überschaubar. Das machte mir nichts aus. Für den Charts-Platz-Nummer 1 gab es *Pur*. Das hier war etwas anderes und ich hatte großen Spaß dabei. Und schön war es danach auch, wieder in den musikalischen Schoß meiner Band zurückzukehren. Wie meine Mama immer sagt: Daheim ist es am schönsten.

SÄNGER OHNE STIMME

Während der Clubtour litt ich des Öfteren an Heiserkeit. Ich machte mir keine Sorgen, denn es gab stets Gründe dafür. Das Wetter, Zugluft, verrauchte Räume. Doch auch nach der Tour erholten sich meine Stimmbänder nicht, und ich ließ sie untersuchen.

»Das sieht nicht gut aus«, sagte der Arzt. »Sie haben eine Stimmbandeinblutung.«

»Was heißt das?«, fragte ich.

»So etwas kommt sehr selten vor.«

»Und was bedeutet es, was soll ich jetzt machen?«

»Erst mal abwarten«, riet mir der Arzt. Ungeduldig wie ich bin war mir diese Auskunft zu wenig. Meine Stimme war mein Kapital. Ich setzte mich in den nächsten Flieger nach Berlin und konsultierte einen HNO-Spezialisten, der mir empfohlen worden war, um eine zweite Meinung einzuholen. Der Professor untersuchte mich und verkündete mir dann: »Ich operiere Sie morgen früh als Ersten.«

Entgeistert starrte ich ihn an. »Bitte was?«

»Gut, dass Sie heute zu mir gekommen sind. Ich weiß nicht, ob ich Ihnen nächste Woche noch hätte helfen können.«

»Aber ich bin nicht darauf eingerichtet in Berlin im Krankenhaus zu bleiben, ich hab gar nichts dabei, ich ...«

»Sie wollen Ihre Stimme doch behalten?«

Das saß. Ich nickte. Der Professor klärte mich über den Ernst der Lage auf, und ich organisierte alles Nötige. Erst Tage danach vertraute mir der Professor an, dass er meinen Fall auf den ersten Blick für noch gefährlicher gehalten habe. Er befürchtete nicht nur den Verlust meiner Stimme, sondern darüber hinaus eine Krebserkrankung. Doch die Knötchen stellten sich als harmlos heraus und wurden weggelasert. Zwei Wochen sollte ich nach der Operation nicht sprechen und auf keinen Fall flüstern. Nubya wich nicht von meiner Seite. Sie wusste sehr genau, was die Stimme für einen Sänger bedeutet. Wir kommunizierten mit Augen, Gesten, und oft erspürte sie, was ich brauchte. Wir beschrieben auch viele Zettel, und Nubya erledigte alle Telefonate für mich. Es tat mir unendlich gut, dass sie bei mir war, denn ich wusste nicht, ob ich jemals wieder würde singen können.

»Das kann ich Ihnen nicht versprechen«, hatte der Professor mir auf meine Zettelanfrage ehrlich geantwortet.

Diese zwei Wochen gehören zu den schlimmsten meines Lebens. Was wäre, wenn. Was würde ich machen, wenn die Stimme nicht zurückkehrte? Wer bin ich, wenn ich nicht mehr als *Pur*-Sänger auftreten kann? Was würde ich tun, wie würde ich meine Zeit verbringen ohne Stimme? Nicht mal in der Synchronisation könnte ich arbeiten, wie ich es in den letzten Jahren mit großem Spaß gemacht hatte. Allerdings war ich eher ein Synchronsänger denn -sprecher, da sich mein schwäbischer Dialekt nicht verbergen ließ. In dem Film *Spirit* sang ich Songs von Brian Adams auf Deutsch; bei *Das magische Schwert* ein Duett mit Nena und in *Die furchtlosen Vier* für einen Hund. In dieser Rolle bat man mich auch, für den Hund zu sprechen. Doch schnell war klar, dass ich dafür nicht geeignet war. So singt der Hund mit meiner Stimme und spricht mit der eines jungen Schauspielers. Schuster, bleib bei deinem Leisten, dachte ich damals, und der Leisten, das war mein Gesang. Doch was, wenn das Singen mir nicht möglich wäre? Ich konnte mir nicht vorstellen, für andere zu texten, wenn ich selbst nicht mehr singen konnte. Die Unterstützung und die Arbeit für Hilfsorganisationen war so ziemlich das Einzige, was mir in diesem Moment an sinnvoller Betätigung für mich einfiel. Das war es, was mir abgesehen von der Musik am meisten Freude bereitet hat.

Nervös saß ich im Wartezimmer des Professors. Die Minuten zogen sich endlos, bis er mich in sein Sprechzimmer bat. Sprechzimmer, dachte ich. Was mache ich, wenn ich nichts sagen kann? Leider erhielt ich noch keinen Freispruch und wurde auf eine harte Geduldsprobe gestellt. Ich solle jetzt nach Hause fliegen und in einer Woche zur Kontrolle kommen. »Und nicht reden, Herr Engler! Keinen Ton!«

Es war eine interessante Erfahrung für mich, in der Öffentlichkeit nicht zu sprechen. Bei meiner Heimreise stand mir zum Glück Santa Ponsa zur Seite, sodass ich auf die Gebärdensprache verzichten konnte. Peter Brosi passte wie immer gut auf mich auf.

Vor dem Spiegel in der Flughafentoilette deutete ich auf meinen Mund und schüttelte den Kopf. Da wurde mir bewusst, dass es auch viele taubstumme Menschen gibt, die auf den Mund und die Ohren deuten und den Kopf schütteln. Nicht nur nicht singen, auch nicht hören. Keine Musik …

Eine Woche später erhielt ich grünes Licht. Ich durfte wieder sprechen und vorsichtig singen. Der Professor empfahl mir eine Logopädin. Sie brachte mir Warmsingübungen bei, die ich heute mindestens eine halbe Stunde vor jedem Auftritt praktiziere. Meine ersten Singversuche damals hörten sich fein und zittrig an. Ich traute mich lang nicht, laut zu werden und lernte dann bewusst meine Stimme schonend zum Klingen zu bringen – eine sehr schöne Erfahrung! Zudem transponierte die Band manche Stücke, bei denen ich mich in der Höhe ein wenig gequält hatte, in eine tiefere Tonlage. Das Wichtigste war jedoch die Entdeckung, dass ich nicht nur Lautstärke und Kraft benötige, um Emotionen auszudrücken und mein Publikum zu berühren und mitzureißen. Das funktioniert mit den leisen Tönen oft viel besser.

NORMAL?

Nubya lebte sehr gesundheitsbewusst. Sie ernährte sich gesund und trieb viel Sport, auch mit mir zusammen. Manche ihrer Anregungen setzte ich sehr gern in die Tat um. So esse ich bis heute morgens Müsli – ein Tipp von Nubya.

Eines Tages nahm sie mich beiseite.

»Sag mal Hartmut, findest du das eigentlich normal?«

»Was meinst du?«

»Wir waren letzte Woche dreimal eingeladen. Jedes Mal hast du für meinen Geschmack zu viel getrunken.«

»Ja, aber da haben doch alle relativ viel getrunken!«

»Ja schon, aber die haben es offenbar im Griff.«

»Woher willst du das wissen, dass die es im Griff haben.«

Nubya schwieg eine Weile, dann sagte sie: »Ich frage mich eben manchmal, wie es bei dir aussieht, ob du es noch im Griff hast.« Das fragte ich mich auch, als ich darüber nachdachte. Ich trank fast jeden Tag Alkohol. Nicht unbedingt viel, aber zwei, drei Glas Bier oder Wein schon. Und wenn wir ausgingen wurden es auch mal mehr. War das nicht normal? Alle tranken. Schon immer. Im Dorffußballclub war es normal, sich mit 14, 15 nach dem Fußballtraining eine Flasche Bier zu genehmigen. Bis 16 war der erste Vollrausch normal. Die Band bestellte Bier zum Essen in unserer Lieblingspizzeria. In den amerikanischen Clubs gab es auch Bier, obwohl wir hier nur einen Bruchteil von dem tranken, was die GIs konsumierten. Später gab es Sekt, Wein, dann Champagner. Harte Getränke schmeckten mir nie. Aber das Trinken, das war normal. Überall, wo ich auftauchte, wurde mir zuerst etwas zu trinken angeboten, und ich bot anderen etwas an, das war doch normal. Abends in Gesellschaft Alkohol zu trinken erschien mir genauso normal wie morgens der Kaffee, nachmittags der Tee und das Wasser nach dem Jogging.

Im Umfeld einer erfolgreichen Band gibt es Partys zuhauf. Wer Alkohol ablehnt, gilt als Spaßbremse. Die Musikbranche ist berüchtigt für ihre feuchtfröhlichen Partys. Mit wachsendem Erfolg wird der Champagner nicht nur in Stilettos serviert, sondern quasi im Eimer ausgegeben. Ist das normal?

Wo war die Grenze? Hatte ich sie schon übertreten? War mir das nur nicht aufgefallen? Hatte Nubya recht, und ich es nicht mehr im Griff? Ich beschloss, deutlich weniger zu trinken und vor allem nicht mehr täglich. Ich überlegte, wann ich zum Bier griff und erarbeitete ein Programm zur Verhaltensänderung. Denn das war es doch, was mich an den Rauchern manchmal störte. Diese Rituale. Immer beim Telefonieren. Immer nach dem Essen. Immer wenn ein Take eingespielt war.

»Super«, sagte Nubya nach einer Weile. »Du hast es wohl doch im Griff.«

DANKE!

Ich hatte im Studio oft gefehlt in letzter Zeit, denn ich war mit der Organisation meines Privatlebens beschäftigt. Nubya-Kinder-Basel-Mallorca-die Welt ist groß. Sowohl beim *Was ist passiert?*-Album als auch bei *Es ist wie es ist* hatte ich Martin und Ingo weitgehend mit der Studioarbeit allein gelassen. Die Texte zu den Liedern schrieb ich erst, wenn meine Kollegen ihre Arbeit beendet hatten. Trotzdem war das Ergebnis erstklassig. Es waren anspruchsvolle Musikstücke, verspielt, mit vielen Intros, C-Teilen und Rhythmuswechseln. Ich hörte sie mir immer und immer wieder an und hoffte, unsere Fans würden das auch tun, um die Qualität der Lieder zu entdecken. Dass beide CDs große Erfolge und jeweils Nummer eins in den Charts wurden, ist unserem treuen und großartigen Publikum zu verdanken, das uns gezeigt hat, dass es auch auf die Feinheiten in unserer Musik achtet.

Nach 25 Jahren Bandgeschichte war es höchste Zeit, dem besten Publikum der Welt ein eigenes Lied zu widmen. *Danke* ist das letzte Stück auf *Es ist wie es ist.* Eine ehrlich gemeinte Liebeserklärung an jene Menschen, die uns seit so vielen Jahren mit offenen Ohren und Herzen empfangen. Welche andere Band kann schon von sich behaupten, gut gelaunt einen Stromausfall auf der Bühne zu überspielen, weil die ganze Halle voller Inbrunst a cappella mitsingt? Welcher Sänger wird für jedes vergessene Wort gerügt, weil die Fans die Texte besser intus haben als er? Wenn ich auf der

Bühne verkünde, wir haben das beste Publikum der Welt, dann ist das keine leere Phrase: Ich meine das so.

DANKE

Was wär aus uns geworden, wenn es euch nicht geben würde
Was hätten wir stattdessen wohl getan
Manchmal wach ich auf und glaub, ich leb in einem Märchen
Doch es ist wahr und ihr seid schuld daran
Ihr habt schlicht und ergreifend einfach unsern Lebenstraum erfüllt
Und deshalb wird als kleines Denkmal dieses Lied für euch enthüllt

Danke für den Glanz in den Augen
Für den Sturm aus Begeisterung
Danke für den Mut sich zu trauen
Für den Antrieb und den Schwung
Danke auch fürs Zuhören, für den Applaus
Nur wegen euch sind wir auf der Bühne zu Haus

Wir hätten nie gedacht, dass das, was wir zu singen hatten
Auf so viel offene Ohren, Herzen stieß
Und dass die Gabe, unsere eigene Musik zu schaffen
Sogar 'ne Menge Spuren hinterließ
Ihr habt uns groß gemacht, uns klar gezeigt, was alles in uns steckt
Dass so viel möglich war, das haben wir erst durch euch richtig gecheckt

Danke für den Glanz in den Augen …

Ihr geht für uns auch die ganz weiten Wege
Ihr spendet Beifall, der noch lange hält
Und ihr lasst euch uns ganz schön was kosten
Als bestes Publikum der Welt
Auch dafür Danke und für so vieles mehr:
Danke, Danke schön

LIEBE ALLEIN GENÜGT NICHT

Mir fehlte der Alltag mit der Frau, die ich liebte, und es war besonders aufregend mit ihr, weil wir eben keinen Alltag hatten, aber genau das vermisste ich. Immer mehr. Ich warnte Nubya und es war mir ernst damit, denn dieses Hin und Her zerrte und zehrte an mir. Dabei begriff ich natürlich, dass sie, einige Jahre jünger als ich, in einer ganz anderen Lebensphase steckte. Sie war mit dem Aufbau ihrer Karriere beschäftigt. Ich war bereits angekommen.

»Entweder wir ziehen zusammen oder ich glaube, ich halte es nicht mehr lange durch«, gestand ich ihr.

Nubya bat um Bedenkzeit und entschied sich nach einigen Wochen, es einmal mit Bietigheim als Lebensmittelpunkt zu probieren. Ich ließ das Haus renovieren und besorgte alles, um es meiner Liebsten schön zu machen. Egal, was sie wann unabsichtlich erwähnt hatte – ich schaffte es an, denn ich hatte sehr schlechte Karten. Nubyas Lieblingsstadt war New York. Es gefiel ihr, aus dem Haus zu gehen und sich in ein kunterbuntes Gemisch von Menschen zu stürzen, sie genoss es, in Straßencafés zu sitzen … was sollte ich ihr hier bieten? Tchibo in Bietigheim? Gern hätte ich das Flair einer Metropole für sie herbeigezaubert, doch auch mit all meiner Liebe gelang das nicht. Ich hatte eine andere Idee. Nubya war vernarrt in Katzen. Ich bat eine Bäuerin von einem nahe gelegenen Bauernhof um ein Katzenjunges vom nächsten Wurf. Es wartete schon auf mich. Ich nannte das niedliche, zutrauliche schwarzweiße Fellbündel Lucy. Gemeinsam auf dem Sofa liegend empfingen wir Nubya. Lucy konnte viel lauter schnurren als ich, und Nubya war hin und weg. Sie fand das sehr lieb von mir, denn sie wusste, dass ich seit dem Verlust meines Hundes Bobby kein Haustier mehr haben wollte. Unsere Familie verdankte Bobby einer der verrückten Ideen meines Bruders. Er studierte damals in München und auf dem Weg nach Ingersheim rannte ihm ein Hund fast vor das Auto. Dieser Hund war aus einer Zoohandlung geflohen. Hans-Peter fing ihn ein und beschloss, dass dies ein Zeichen wäre. Ein Geburtstagsgeschenk für Mama fehlte ihm nämlich noch. Hans-Peter bezahlte den Hund und fuhr nach Hause. Meine Eltern waren entsetzt. Ein Hund. Niemals! Haart und macht Dreck. Eine Nacht Gnadenfrist wurde dem kleinen Racker zugestanden, dann sollte Hans-Peter ihn zurück oder irgendwohin bringen. Doch trotz der Pfütze, die am nächsten Morgen in der Küche prangte, durfte Bobby bleiben. Bis heute ist es mir ein Rätsel, wie er das geschafft hat. Ich hatte mein Herz natürlich sofort an ihn verloren, doch meinen Eltern hätte ich das nicht zugetraut, so streng sie normalerweise auf die Einhaltung ihrer Grundsätze pochten. Alle liebten Bobby. Doch keiner von uns hatte eine Ahnung davon, wie man einen Hund erzieht. Bobby machte, was er wollte. Wir verziehen ihm alles. Als er schwer krank eingeschläfert werden musste, weinte ich tagelang.

»Du bist süß«, sagte Nubya und erzählte mir eine Tiergeschichte aus ihrem Leben.

Nach einer Weile des Zusammenwohnens auf Probe merkten wir beide, dass wir zu viel voneinander erwartet hatten. Nubya fühlte sich eingeengt und beobachtet in Bietigheim-Bissingen. Sie kam nicht zurecht mit der hiesigen Mentalität und litt an Heimweh nach der großen weiten Welt. Es machte mich zutiefst traurig, sie so bedrückt zu sehen. Glücklich sollte sie sein an meiner Seite. Obwohl wir nun zusammen lebten, entwickelte sich kein Alltag, denn Nubya reiste beruflich oft in die Schweiz. Was als Duett begonnen hatte, endete mit zwei Einzelkarrieren. Dass Nubya sich in Zürich eine kleine Wohnung mietete, wertete ich als Signal. Hier würde ich mich nicht wohlfühlen.

Wir trennten uns mit der Erkenntnis, dass Liebe allein, auch wenn sie groß ist, nicht genügt, um ein gemeinsames Leben zu führen.

GELIEBT

Es war fast zu schön, um wirklich wahr zu sein
Es war himmelhoch, ging tief, sturm- und wolkenresistent

Zwei Königskinder, wir sahen uns im Seelenschein
Verwandt, verwandelt, taumelnd, Ziel: Richtung Happyend

Doch der Weg war nicht derselbe, was uns auseinandertrieb
Bis uns beiden nichts mehr andres übrig blieb

Wir haben geliebt, doch wir wussten nicht weiter
Wir hätten geschworen, dass uns das nie passiert
So lange gesucht
Uns endlich gefunden
Doch dann ging verloren, was uns beiden gehört
Uns blieb: Wir haben geliebt

Wo haben wir uns verirrt, verpasst
Die Möglichkeit, den Sinn zu spüren
Uns nah zu sein
Was immer mit uns geschieht

Wann haben wir uns verlaufen ohne Gemeinsamkeit
Jeder hat sich nur für sich, auf seine eigene Art bemüht

Diese Art, genau die war es, die uns auseinander trieb
Bis uns beiden nichts mehr andres übrig blieb

Wir haben geliebt …

LUCY UND ICH

Das Haus war leer. Und groß. Viel zu groß. Ich allein. Mit Lucy. Die Liebe so tief. Noch immer. Wohin sollten die Gefühle auch. Die waren ja kein Wasserdampf, der plötzlich verschwindet, einmal lüften. Nubya. Weg. Für immer. Besser für uns beide. Besser für meine Kinder. Besser für mich. Und nun saß ich allein in meinem schönen großen Haus und es bedeutete mir nichts, und die Liebe tat weh, überall. Lucy strich um meine Beine. Mehr war mir nicht geblieben?

Wie sollte ich leben ohne Nubya? Als Freundin konnte ich sie vielleicht ziehen lassen, doch sie fehlte mir als Seelengefährtin, Gesprächspartnerin, Vertraute.

Lieber kein Kontakt. Tut nur weh. Viel zu weh.

Lucy drückte ihr Köpfchen in meine Hand.

Lucy und ich allein im großen Haus und manchmal meine Schwester Ute.

»Ich will nicht reden«, sagte ich. »Bitte kauf bloß das für mich ein, was ich aufgeschrieben habe, und stell es vor die Tür.«

Ute nickte. Kennt mich schließlich lang genug. Kummervoll ihr Gesicht.

Niemand konnte mir helfen in meinem Schmerz.

Hast du es im Griff, Hartmut?

Das war mir jetzt auch egal. Ich brauchte Medizin, eiskalte Medizin aus dem Kühlschrank, um die Sehnsucht zu löschen.

In meinem Leben hatte ich eine Reihe nassfröhlicher Partys gefeiert, die ich bis auf einen Kater am nächsten Tag unbeschadet überstanden hatte. Ich konnte mir nicht vorstellen, mich mit Alkohol ernsthaft in Gefahr zu bringen. Doch wenn der Alkohol nicht Ausdruck von Lebensfreude im Kreis mit anderen ist, sondern über Schwermut und Traurigkeit gekippt wird, geht es nicht mehr um den Kater am nächsten Tag, sondern um Kontrollverlust. Da übernimmt die Depression das Kommando. Psychische Niedergeschlagenheit und Alkohol in Kombination wirken als Eintrittskarte in einen Teufelskreis.

Warum war ich nicht mit nach Zürich gezogen?

Warum hatte ich meine Kinder vernachlässigt?

Warum hatte ich meine Arbeit mit der Band schleifen lassen?

Warum, warum, warum?

Ich versuchte, Antworten im Kühlschrank zu finden und strudelte immer tiefer.

Manchmal klingelte das Telefon. Ich ging nicht ran. Nubya meldete sich bestimmt nicht bei mir, in der Band stand gerade nichts Dringendes an, meine Kinder waren im Ferienlager. Wer brauchte mich schon? Lucy. Ich öffnete eine Dose Katzenfutter. Und schrieb seitenlange Mails an Nubya, die ich nicht abschickte.

Auf einmal graute der Morgen, das war mir gar nicht aufgefallen, ich machte den Tag zur Nacht und die Nacht zum Tag und konnte nachts nicht mehr schlafen und trank jetzt Wein.

IRGENDWO

Sie reden auf dich ein
Schauen in dich rein
Sie geben dir neun gute Räte
Ein wirklich gut gemeintes Attentat

Auf deine Seele, die gequälte, die mit sich selbst
Nicht ins Reine kommt

Und prompt macht sie zu, weil sie keiner versteht
Bis sie im Nebel versinkt und sich alles dreht
Völlig ausgeklinkt, völlig überfüllt und doch so leer, so schwer

Irgendwo in dieser Welt liegt ein bisschen Glück versteckt
Und ich wünsch mir so, ich hätt's für mich entdeckt

Du bist auf der Flucht, versteckt in der Sucht
Süchtig nach dem Leben, anstatt es wieder selbst zu leben
Du willst weg hier durch die Hintertür, doch sie lassen dich nicht
Sie haben recht damit

Wie ein Tritt wirkt das, weil du nicht mehr verstehst, dass man
dir helfen will
Bevor du durchdrehst
Du bist dir zu viel, du bist überfüllt, und doch so leer, so schwer

Irgendwo in dieser Welt liegt ein bisschen Glück versteckt …

Nach zwei Wochen war ich in einem jämmerlichen Zustand. Da klingelte es an der Haustür. Ich öffnete nicht. Ich sah erbärmlich aus. Es klingelte Sturm. Geklopft wurde auch, minutenlang. Ich versteckte mich im Treppenhaus und spähte durch die Glasfront. Die Schoschonen hatten ihr Lager verlassen und waren zu mir geeilt. Ingo, Uli, Günther, Hombré. Sie würden zur Not auch campieren und Not herrschte. Sie würden zur Not auch ein Fenster einschlagen, denn seit Tagen ging ich an kein Telefon. Ich öffnete den Schoschonen die Tür zu mir. Sie redeten nicht lang, nahmen mich in ihrem Kreis auf. Sie reichten mir eine Friedenspfeife und brachten mich zu einem Arzt. Der empfahl mir dringend, mich einige Tage in einer Burn-out-Klinik behandeln zu lassen.

»Hab ich das, einen Burn-out?«, fragte ich verblüfft. Gehört hatte ich den Begriff schon oft, doch ich hatte keine Ahnung, was wirklich dahintersteckte.

»Sie haben eine Depression, im Grunde genommen kommt es auf dasselbe heraus, auf jeden Fall empfehle ich Ihnen, Hilfe in Anspruch zu nehmen. Ich würde Ihnen gerne eine sehr gute Klinik empfehlen, in der Sie sich erholen können.«

»Wann?«, fragte ich.

»Sofort«, sagte er.

»Ich möchte erst richtig nüchtern werden«, erklärte ich.

Die Schoschonen fuhren mich nach Hause. Drei Tage lang nüchterte ich aus, räumte das Haus auf, löschte die Mails an Nubya, telefonierte mit meiner Familie und guten Freunden und dann fuhr mich meine Schwester in die Klinik.

Man schlug mir eine Mischung aus Musik- und Gesprächstherapie vor, um Zugang zu meinen Gefühlen zu finden. Irgendetwas hatte ich offensichtlich unterwegs verlernt, verloren – und das war mir zu spät bewusst geworden. Mit der Hilfe zweier einfühlsamer Therapeuten fand ich mich schnell zurecht in der Seelenlandschaft meiner Vergangenheit. Das ist doch der Bereich, aus dem ich meine Kreativität schöpfe. Ich hatte keine Angst davor einzutreten und mich mit unangenehmen oder schmerzlichen Wahrheiten zu konfrontieren. Denn ich spürte deutlich: Ich war auf dem Heimweg. Ich kam wieder bei mir an. Es gab den kleinen Jungen vom Dachboden noch, der mich in sein Abenteuerland einlud, und an seiner Hand entdeckte ich, dass auch ich, der ich immer eine Heimat hatte, an dem Verlust einer Heimat gelitten hatte, am Verlust der Heimat meiner Eltern, und dass ich mir die Heimat nur in mir selbst erschaffen konnte. Der Boden war gut, die Erde reichhaltig und gesund. Ich pflanzte Bäumchen für meine Zukunft.

Zwölf Tage lang gab ich mich intensiv der Erforschung meiner Seelenlandschaft hin. Ich ging viel spazieren und kam zur Ruhe. Manchmal überschwappte mich die Trauer. Ich trank sie nicht weg. Ich stellte mich. Für meine Kinder. Für mich. Ich wollte wieder lachen können. Ich wollte die Sachen, die ich gern machte, wieder gern machen. Ich wollte meine Lebensfreude zurückerobern, die irgendwo hinter dem Tal begann, das ich jetzt durchschritt.

Diese zwölf Tage waren wie ein Wunder für mich. Dass man mich wenigstens diese kurze Zeit in Ruhe ließ. Nach knapp zwei Wochen war die Schonzeit vorüber und der erste Pfleger bat mich um ein Autogramm. Es war mir klar, dass meine Tage in der Klinik gezählt waren, denn wenn ich Autogramme schrieb, würde auch meine Lieblingszeitung bald Wind davon bekommen, wo ich mich aufhielt. Es geschah noch ein Wunder. Ich kam ohne Schlagzeile nach Hause. Mit meiner Schwester Ute besprach ich einen strukturierten Tagesablauf, mit Ingo verabredete ich mich zum täglichen Joggen und außerdem wollten wir intensiv an neuen Songs arbeiten.

»So gefällst du mir«, freute Ingo sich. »Wir machen weiter wie früher. Willkommen zurück, Hartl.«

»Nur auf das Belohnungsbier nach getaner Arbeit werde ich in Zukunft erst mal verzichten«, schränkte ich ein.

Ingo klopfte mir auf die Schulter. »Du kriegst das geregelt. Ich kenn dich schon so lange. Und ich bin dabei!«

»Wie immer«, sagte ich.

»Freunde«, sagte Ingo.

FREIGEKÄMPFT UND LOSGELÖST

Ich war gerade mal ein paar Tage zu Hause und fühlte mich stabil mit meinem neuen gesunden Rhythmus, da rief mich mein Manager an, den die Presse angerufen hatte: »Wir haben gehört, Herr Engler ist in einer Alkoholentziehungsklinik. Wir würden ihm gern die Möglichkeit geben, dazu Stellung zu nehmen. Sollte Herr Engler darauf verzichten wollen, schreiben wir das, was wir wissen.«

»Natürlich«, murmelte ich und formulierte schon mal vor: »Pur Sänger. Alkoholabsturz. Entzugsklinik.«

»Das ist wahrscheinlich noch die harmlose Variante.«

»Ich gebe mein Bestes.«

»Viel Glück!«

So begann mein Kampf um meine Glaubwürdigkeit in den Medien. Ich sprach in Talkshows über Depressionen und meine Therapie und faltete meine Seele, die sich nach Ruhe und Rückzug sehnte, in der Öffentlichkeit auf. Auch wenn ich nicht in jeden Winkel leuchtete, war das sehr anstrengend für mich. Warum ich das machte? Weil ich nicht damit leben konnte, für einen gehalten zu werden, der ich nicht war, und weil ich auch in Zukunft mit einem Glas Alkohol in der Hand fotografiert werden wollte, ohne danach zu lesen: Drama um *Pur*-Sänger! Rückfall!

Natürlich würden sie es besser formulieren, erschlagend sozusagen, doch dazu fehlt mir die Schadenfreude.

Die Zeit nach der Klinik war noch einmal sehr hart für mich, weil wieder so viele Leute etwas über mich erfuhren, was nicht stimmte, und ich dementsprechend beobachtet und kommentiert wurde. Meine Mutter, meine Familie und Freunde – sie alle bekamen das mit, und ich stand permanent in der Bringschuld, ihnen erklären zu wollen, wie es wirklich war. Natürlich wussten sie mittlerweile, dass nur ein Bruchteil dessen, was gedruckt wird, der Wahrheit entspricht. Doch es bleibt immer etwas hängen. Jedes Gerücht lässt denjenigen, den es betrifft, befleckt zurück. Nein, es war nicht angenehm, mich als depressiv zu outen. Aber es entsprach wenigstens der Wahrheit. Ich erklärte auch meinen Kindern, was mit ihrem Papa los war, und ich glaube, sie verstanden es, jedenfalls drückten sie mich fest. Am Abend fand ich ihre Lieblingsstofftiere in meinem Bett, sogar Teddy, der normalerweise nie in fremden Betten schläft.

Meine Band stand in dieser schweren Zeit voll hinter mir. Keiner machte mir je einen Vorwurf. Ich selbst litt am meisten darunter, dass ich sie da hineingezogen hatte. Ich war schließlich der Sänger von *Pur*, und für das Image der Band fühlte ich mich verantwortlich. Zum Glück warf meine Depression keinen Schatten auf die Band. Das bewiesen wir bei unserem einzigen Konzert 2008. Ich hatte Muffensausen vor diesem Benefiztermin in Bietigheim. Alle Augen würden sich auf mich richten. Überprüfen, ob das, was sie gelesen hatten, stimmte. Wie sieht er aus, der Hartmut Engler? Geht's dem echt so schlecht oder tut er nur so? Will der sein Alkoholproblem verschleiern? Oder hat ihm das bloß die Presse angehängt? Ist der nicht zu alt für Liebeskummer? Was ist dran an den Gerüchten? Bringt er's überhaupt noch?

Letzteres fragte ich mich auch. Denn topfit war ich noch lange nicht. Ich war angeschlagen, kein Wunder bei diesen Schlagzeilen … Würde ich den Auftritt durchhalten? Konnte ich unsere alte Magie noch entfachen? War ich noch der Zeremonienmeister, der die Band mit dem Publikum vereinte? Alle meine Freunde und Bekannten aus der Gegend waren anwesend. Es war sozusagen ein Heimspiel, und da wollte ich besonders gut sein. … Und wir waren besonders gut! Nach diesem Konzert plumpste ein Riesenstein von meinem Herzen. Ich war wieder zurück. Back on stage. *Pur* spielte 330.000 Euro ein, die wir für soziale Einrichtungen in Bietigheim-Bissingen spendeten.

GESUND

Ein Begleiter in den dunklen Stunden
Eingeschlichen, einfach akzeptiert
Trainer und Gegner in den Sparringsrunden
Mit der Frage, wer verliert

Ein Beobachter der Seelenlage
Der die Stimmung gern manipuliert
Ein Seitenwechsler auf der Lebenswaage
Der am liebsten kontrolliert

Freigekämpft und losgelöst
Ich brauch dich nicht mehr
Freigefühlt und abgelöst

Ja, ich spür, du kriegst mich nicht mehr unter
Du bist nichts mehr, was mich unterkriegt
Und ich schwör, du ziehst mich nicht mehr runter
Du bist nichts mehr, was mich runterzieht
Für dich gibt's keinen Grund
Fühl mich gesund, wieder gesund

Ein Schmarotzer in den schweren Tagen
Der wie Blei unter die Hautschicht zieht
Ein Verwalter allerschlimmster Sorgen
Von dem man spricht, den man nie sieht

Freigekämpft und losgelöst
Ich brauch dich nicht mehr
Frei gefühlt und abgelöst

So verrückt es klingen mag: Im Nachhinein bin ich dankbar für diese schwere Zeit, denn ich habe viel gelernt, zum Beispiel, dass ich Pausen brauche, um neue Kraft zu tanken. Ein Leben im Zeitraffer, wie auf dem Höhepunkt unserer Karriere im *Abenteuerland* möchte ich nie wieder führen. Zu einem entspannten Leben gehört nicht nur äußere Ruhe, sondern auch innerer Friede. Ich habe meine Lebensfreude, die ich in der Zeit der Depression verloren hatte, wiedergefunden. Das ist das größte Geschenk. Dass mir die Dinge, die ich gern mache, auch wirklich Freude bereiten. In meiner depressiven Phase war mir alles egal, ich konnte nichts wertschätzen, ich selbst war wie ausgeschaltet. Um so mehr freue ich mich heute darüber, dass der unglaubliche Spaß an der Zusammenarbeit mit den Jungs von *Pur* und das Glücksgefühl, auf einer Bühne zu stehen, für mich zurückgekehrt sind.

Zu meinem neuen Leben gehört es auch, noch öfter Nein zu sagen und somit Druck von mir zu nehmen, Prioritäten zu setzen.

Früher habe ich Ja, Ja, Ja gesagt und bin Glücksmomenten hinterher gehechelt, wo immer ich sie kriegen konnte. Permanent wollte ich das Leben umarmen, schütteln und nicht loslassen. Inzwischen – und das schreibe ich nicht nur meinen Erfahrungen zu, sondern ein bisschen auch dem Alter – bin ich lieber immer wieder mal ein bisschen glücklich, als vergeblich einem Dauerzustand von Glück hinterherzujagen, der sich als unhaltbare Illusion herausstellt. Zufriedenheit bedeutet mir heute mehr als Glück. Das Glück ist ein seltener Gast, Zufriedenheit quartiert sich gern für länger ein.

Seit meinem Burnout führe ich eine Art Tagebuch. Ich notiere jeden Tag, wen ich wo getroffen habe, was ich gemacht habe, warum ich es gemacht und wie ich mich dabei gefühlt habe, um am Wochenende zu resümieren: Wie lief diese Woche für mich? Was habe ich richtig gemacht? Was habe ich falsch gemacht? Als Krimifan weiß ich, dass so etwas ganz schnell enorm wichtig werden kann. Wenn mich jemals ein Kommissar fragen sollte: Wo waren sie am 24. November 2011 zwischen Mitternacht und ein Uhr morgens, werde ich mein Tagebuch zücken und die einzig richtige Antwort aus der Pistole schießen: »Ich habe mit meiner Band und meinen besten Freunden in meinen 50sten Geburtstag hineingefeiert.«

DER JUNGE HÜPFER

Dani, eine meiner besten Freundinnen und *Pur*-Sekretärin, rief mich an: »Hast du nicht mal wieder Lust, unter Leute zu gehen?«

»Ich weiß nicht so recht.«

»David Hanselmann spielt heute Abend mit seiner Band bei einem Openair in der Burg Stettenfels im Burggraben.«

»Hm«, überlegte ich. Ich mochte den Burggraben. Die Atmosphäre dort hatte ein besonderes Flair und ich könnte leicht »fliehen«, wenn ich mich beobachtet fühlte. Ich sagte zu und bot Dani an, sie zu Hause abzuholen, bereitete sie aber gleich auf meine Flucht vor: »Notfalls musst du mit dem Taxi zurückfahren.«

Unterwegs pickten wir Hombré und Danis Freund Matthias auf.

Als die meisten Leute ihre Plätze eingenommen hatten, setzten wir uns im Dunkeln in eine der hinteren Reihen. Da entdeckte ich in der Reihe vor mir ein Gesicht, das herausstach, zuerst im Profil. Es kam mir bekannt vor. Woher? Es fiel mir nicht ein, doch ich spürte, dass ich dieses schöne Profil in guter Erinnerung hatte. Woher kannte ich die Frau, zu der ich mich so stark hingezogen fühlte? Sie drehte den Kopf weiter nach hinten, als suche sie jemanden, und es traf mich wie ein Blitz: Das war diese süße junge Frau, die ich vor etlichen Jahren in einem Musikclub in Stuttgart kennengelernt hatte, als ich meinen wöchentlichen Männerabend mit Hombré und anderen Kumpels zelebrierte. Hombré fragte sie damals, ob sie sich zu uns setzen wollte. Sie war gerade mal zwanzig mit einer ansteckend fröhlichen Ausstrahlung, die sie auch nicht verlor, als ihr Auto später nicht mehr ansprang und wir ihr Starthilfe leisteten, kein leichtes Unterfangen bei Glatteis!

Ich stupste Hombré an »Die kennen wir doch.«

»Ja … irgendwie schon …«, er zögerte, »aber ich hab keine Ahnung, wo ich die hintun soll.«

»Ich musste auch eine Weile nachdenken. Das war damals bei unserem Männerabend …«

»Die Starthilfe!«, rief Hombré.

»Du hast ein gutes Gedächtnis! Hut ab. Dann weißt du bestimmt auch, wie sie heißt?«

»Ne, aber sie hatte diesen uralten verbeulten Audi. In Silber, glaub ich.«

Ich seufzte.

»Mensch, Hartl, das ist Ewigkeiten her, tut mir leid.«

»Ich sprech sie an.«

Hombré grinste breit.

Ich tippte der schönen Frau auf die Schulter. Sie drehte sich um und sah anders aus als damals, was vor allem an ihrer Frisur lag. Aber sie war es, ohne Zweifel. Der junge Hüpfer war erwachsen geworden. Und noch immer war dieses Strahlen um sie, eine frischfröhliche Natürlichkeit.

»Ja?«, fragte sie.

»Hallo«, sagte ich.

»Hartmut!«

»Das ist mir jetzt furchtbar unangenehm, aber ich weiß deinen Namen nicht mehr.«

»Katrin«, sagte sie.

»Wie alt bist du denn jetzt?«, fragte ich das, was mich im Moment am meisten interessierte.

»Neunundzwanzig. Und du?«

Irgendwo im Dunkeln neben mir glaubte ich zu fühlen, wie Dani lächelte. Dieses Konzert war ihre Idee gewesen, und ich war mitgekommen, weil es hier einen Fluchtweg für mich gab. Doch jetzt wollte ich nicht mehr weg. Gleichzeitig wollte ich keine Frau kennenlernen. Ich war doch gerade erst dabei, gut mit mir selbst zurechtzukommen. Mich wieder wohlzufühlen in meiner Haut und meinem Haus und das Leben zu genießen, pur und allein. Doch da saß diese wunderschöne junge Frau vor mir, die mich tief berührte. Ich wollte nicht flirten. Und eine Beziehung erst recht nicht. Andererseits hätte ich dem da oben, der die Geschicke lenkt, für diese Begegnung, falls er sich einladen ließe, gern ein Bier ausgegeben.

Das Konzert begann und danach fragte ich Katrin, ob sie Lust hätte, mich am nächsten Nachmittag zum Kaffee zu besuchen. Dass das keine gute Idee war, merkte ich spätestens, als wir uns in meinem Wohnzimmer verkrampft gegenüber saßen. Ich fühlte mich nicht wohl. Ich hatte sie in mein Haus gebeten, weil ich das für einfacher gehalten hatte; in der Öffentlichkeit hätten sich so viele neugierige Blicke eingemischt. Offensichtlich war ich noch lange nicht so weit, mich auf eine Frau einzulassen. Ich beschloss, aufrichtig zu sein und sagte: »Ich habe in den letzten Wochen einiges mitgemacht und stelle jetzt fest, dass ich im Moment noch nicht so viel Nähe vertrage, wie ich gerne möchte. Ich will dich nicht vor den Kopf stoßen oder traurig machen.« Ich suchte nach Worten, mit denen ich ihr schonend beibringen könnte, dass ich jetzt lieber allein wäre. Verletzen wollte ich sie auf keinen Fall. Da sprang Katrin auf, gerade so, als wäre sie erleichtert. »Dann geh ich mal!«

»Bitte …«, begann ich.

»Gar kein Problem«, sagte sie, schritt schon Richtung Ausgang, »ich weiß, was du meinst. Das ist absolut okay für mich. Eigentlich geht es mir genauso.«

Sie umarmte mich flüchtig und weg war sie. Sie hatte es mir so leicht gemacht, dass ich froh war, im Besitz ihrer Telefonnummer zu sein. Am nächsten Tag rief ich sie an. Ich wollte wissen, wie es ihr gehe. Dass sie im Anschluss an unser verunglücktes Kaffeekränzchen mit einem Kumpel im Kino gewesen war, versetzte mir einen Stich, der mich gleichermaßen ärgerte, erstaunte und freute.

Wir verabredeten uns erneut und dann noch mal und noch mal und so ging es immer weiter, und Katrin war nicht nur eine ausnehmend schöne und kluge Frau, sie wuchs mir auch sehr eng ans Herz. Wenn ich sie beschreiben sollte, fallen mir Worte aus vergangenen Jahrhunderten ein. Da spricht der Romantiker aus mir, der ich noch immer bin und der sich auch in meinen ersten Liedertexten ausdrückte. »Es ist so gar kein Falsch an ihr«, sage ich manchmal und möchte damit diese tiefe Aufrichtigkeit Katrins benennen, mit der ich mich gemeint fühle. Und in der ich mich sehr wohlfühle. Diese Frau, an der gar kein Falsch ist, ist die Richtige für mich. Ich bin lang gereist bis zu ihr. Doch nun fühlte ich mich angekommen und das macht mich sehr oft glücklich und – was mir jetzt noch wichtiger erscheint: zufrieden.

Wenn Katrin mit meinen Kindern um die Wette Pfannkuchen isst, dann geht mir das Herz auf. Seit Katrin komme ich immer gern nach Hause. Es ist warm dort und fröhlich, auch wenn Katrin oft sehr viel zu tun hat. Sie arbeitet als IHK-geprüfte Sekretärin in einem stressigen Full-Time-Job. Katrin sieht die positiven Seiten des Lebens. Mein Ja nimmt sie gern, das Aber wirft sie über Bord und hat recht damit. Sie ist nicht die Mutter meiner Kinder, dennoch fühle ich mich mit ihr und den Jungs genauso, wie ich es mir immer wünschte inmitten meiner Liebsten, genauso wie ich mir Familie früher vorstellte. Heute darf ich das erleben.

Nach einem Jahr zog Katrin zu mir, nicht als Freundin, sondern als meine Verlobte. Verlobt war ich noch nie gewesen und ich hatte es nicht geplant. Ich hatte Katrin vermisst, als ich sie am Flughafen auf Mallorca abholte. So sehr vermisst, dass ich inmitten all der Menschen in der Ankunftshalle vor ihr auf die Knie fiel und sie fragte: »Willst du mich heiraten?« Es war mir egal, wer zuschaute.

Katrin fand meinen Auftritt nicht romantisch, sondern peinlich.

»Bitte steh doch erst mal auf«, bat sie mich.

Als wir uns dann auf Augenhöhe begegneten, schenkte sie mir ihr Ja und das war: Glück pur.

Obwohl Katrin bei ihrem ersten Auftritt auf dem roten Promiteppich an Lampenfieber litt, meisterte sie ihn bravourös und hat seither schon viele rote Teppiche an meiner Seite beschritten. Es ist mir immer eine besondere Freude, wenn sie es einrichten kann, mich zu begleiten. Katrin ist nicht nur eine Frau zum Pferdestehlen, sie ist auch eine fürs Blitzlichtgewitter … das da draußen in der Promi-Welt und das da drinnen, tief in mir.

WÜNSCHE

Ich freute mich auf die Arbeit an der neuen CD mit der Band. Jetzt war ich wieder voll da und hatte auch ein offenes Ohr für die Anliegen der Fans. Unsere Songs wurden geradliniger, eingängiger, schnörkelloser und direkter. Mit dem *Wünsche*-Album kehrte der alte Bandgeist zurück. Das hatte nicht nur mit meiner persönlichen Situation zu tun, sondern auch mit unserer Herangehensweise. Text und Musik entstanden Hand in Hand, tägliche Arbeit im Studio war angesagt. Endlich war *Pur* wieder das Zentrum meines Lebens. Gemeinsam besuchte die Band soziale Einrichtungen, an die wir die Einnahmen unseres Benefizkonzerts gespendet hatten, so zum Beispiel eine Diakoniestation in Bietigheim, wo Menschen ihre demenzkranken Familienangehörigen zur Nachmittagsbetreuung bringen können. Hier lernte ich Frau Schneider kennen. Was uns sofort verband, war unsere Leidenschaft für Halma. Was uns unterscheidet: Ich befürchte, Frau Schneider erinnert sich nicht an mich. Ich jedoch vergaß sie nicht und besuchte die über 80-Jährige noch öfter. Halma wurde in meiner Familie mit Begeisterung gespielt. Ich hatte es zum ungeschlagenen Familienmeister gebracht. Dieser Titel wurde mir nun Nachmittag für Nachmittag aberkannt. Frau Schneider demütigte mich Spiel für Spiel, was sie nicht daran hinderte, mich vor jedem Zug zu fragen: »Welche Farbe habe ich?«

FRAU SCHNEIDER

Einmal im Monat, Montagnachmittags
Da kommt es zum Showdown am Halmabrett
Die Spieler gehen konzentriert zu Werke

Hab meine Gegnerin die ersten Male gründlich unterschätzt
Gedächtnisschwäche, doch; Gerissenheit ist ihre Stärke

Demenznachmittag in der Diakoniestation
Dass sie vor jedem Zug fragt, welche Farbe sie hat
Ist doch der glatte Hohn

Frau Schneider erkennt mich heute wieder nicht
Frau Schneider grinst mich an
Frau Schneider fragt mich aber ungeniert:
Sind Sie der, der gegen mich beim Halma verliert?

Manchmal vergisst sie, wo sie ist
Und wo sie hinwill, wo sie war
Doch wie gewinnen geht, das weiß sie offenbar noch
ganz genau

Sie singt die alten Lieder, lacht
Dass man sich ansteckt und sie mag
Doch das ist alles Taktik
Sie ist nämlich ziemlich schlau

Kurz nicht aufgepasst
Schon ist mein nächster Zug verstellt
Auch wenn sie vieles vergisst, vergisst sie doch nicht
Mir zu zeigen, wie ihr das gefällt

Frau Schneider …

Einmal hab ich sie auch besiegt
Seither weiß ich, dass mir viel mehr an ihrer Freude liegt
Also vergessen wir das! Also vergessen wir – was?

Das Album *Wünsche* landete – fast schon Routine – auf Platz eins, unsere Hallentour war so gut wie ausverkauft. Viele Fans schrieben uns, *Wünsche* sei das beste *Pur*-Album seit *Abenteuerland*, wenn nicht sogar das Beste überhaupt. Das machte uns sehr froh. Den letzten Song auf dem Album verdanke ich Katrin, die die Liebe in mein Leben zurückgebracht hat.

DER GESCHENKTE TAG

Schon das Erwachen war perfekt
Hat ganz nach Wohlfühlen geschmeckt
Traumhaft geschlafen neben dir

Die Hand, die sich nach mir ausstreckt
Sanft die Lebensgeister weckt
Öffnet dem neuen Tag die Tür

Ich atme tief und fest
Weil ich darf und weil du mich lässt

Ja, ich schenke dir diesen unglaublichen Tag
Er ist nur zum Genießen, weil ich dich so mag
Und weil ich mich wieder leiden kann
Ist der Tag mein Freund und ich bin der Mann
Der dich mag
Ich schenke dir diesen Tag

Ich weiß genau, was dir gefällt
Weil ich das weiß, bin ich dein Held
Der endlich angekommen ist

In dieser durchgeknallten Welt
Die selten mal die Luft anhält
Werd ich durch dich noch Optimist

Du atmest Zuversicht
Es gibt rein gar nichts, was dagegen spricht

Ja, ich schenke dir diesen unglaublichen Tag
Er ist nur zum Genießen, weil ich dich so mag
Und weil ich mich wieder leiden kann
Ist der Tag mein Freund und ich bin der Mann
Der dich mag
Ich schenke dir diesen Tag

Ich bin der Mann, der dich liebt
Auf dass es für uns beide noch viel mehr
Geschenkte Tage gibt

BANDKLIMA

Die Band erlebte einen zweiten Frühling mit dem Album *Wünsche.* Und trotzdem gab es atmosphärische Störungen. Rolands Rolle in unserer Bandgemeinschaft war seit Langem zu einem schwierigen Thema geworden. Seine Verdienste um die Band während der Aufbauzeit sind unbestritten. Doch die letzten Jahre wurde es immer anstrengender, ihn musikalisch zu integrieren.

Diese Unstimmigkeit auf beiden Seiten führte auch zu menschlichen Unzufriedenheiten. Roland war zu Beginn unserer Bandgeschichte einer meiner engsten Freunde. Irgendwie hatte mit ihm alles begonnen, als ich meinen Parka in seine Bassdrum stopfte. Doch diese Zeiten lagen lange zurück und schließlich muss man auch mal für eine neue gute Gegenwart und Zukunft sorgen, als sich immer nur auf die Vergangenheit zu beziehen. Ich begrüße es sehr, dass Roland sich musikalisch selbstständig machte und sein kreatives Potenzial nun auf Solopfaden auf seine Weise auszuschöpfen versucht.

Anfang 2010 trennten sich *Pur* und Roland. Über die Details vereinbarten wir Stillschweigen; daran werde ich mich auch in diesem Buch halten.

Wer *Pur* auf der Sommer Open Air Tour 2010 gesehen hat, konnte sich davon überzeugen, dass die nun siebenköpfige Liveband nicht nur musikalisch, sondern auch menschlich sehr gut harmoniert. Am Bandsound hat sich nichts geändert. *Pur* bleibt *Pur*. Ich wünsche Roland für seine weitere Laufbahn nach all den guten Jahren, die wir miteinander erlebt haben, alles Gute.

ROCK STATT RENTE

Im Lauf der Jahre hatte ich viele Einladungen zu Castings- und Fernsehshows abgelehnt. Doch nun bekam ich eine Anfrage, die mich reizte: *Rock statt Rente! Das Beste kommt zum Schluss.* Unter diesem Motto sollten Menschen im Alter über 70 innerhalb von drei Monaten zu einem Chor zusammenwachsen, um dann mit *Pur* die Arena auf Schalke zu rocken.

Die Idee, älteren Menschen, deren Lebenserfahrung im Allgemeinen gern überhört wird, ins Rampenlicht zu rücken, überzeugte mich sofort. Zudem gefiel es mir, dass es bei diesem Format keine Verlierer geben würde und ich niemanden benoten müsste wie als Castingshow-Juror. Während der Proben lernte ich viele wunderbare Menschen kennen und hörte zahlreiche ergreifende Lebensgeschichten voller Leid und Leidenschaft. Der gemeinsame Auftritt auf Deutschlands größter Bühne bei unserem Konzert in der Schalke Arena war für die Band und mich eine ebenso spannende Erfahrung wie für unseren Chor.

Einer der Sänger, Mo, erinnerte mich nicht nur optisch, sondern auch stimmlich an meinen Vater. Ich zeigte Mo ein Bild von meinem Vater und er hatte das Gefühl, in einen Spiegel zu blicken. So stand ich dann bei unserem Konzert auch ein kleines bisschen mit meinem Vater auf der Bühne. Wir hatten das Lied, zu dem mich die Bypassoperation meines Vaters inspiriert hatte, im Programm *Wenn sie diesen Tango hört.* Mo bekam feuchte Augen und gestand mir: »Hartmut, es tut mir leid. Dieses Lied kann ich nicht singen. Das ist so traurig. Ich muss weinen.«

Das Motto *Rock statt Rente!* könnte auch mein eigenes werden, wenn ich den Winter meines Lebens betrete. Was könnte schöner sein, als mit den Kollegen und Freunden von *Pur* noch möglichst lange auf der Bühne zu stehen und mit unserem Publikum Party zu feiern? Doch bevor der Winter Einzug hält, kommt der Herbst … ich habe keine Angst davor, sondern verspüre eine grenzenlose Neugier auf alles, was da noch geschehen mag.

HERBST

Wir haben nicht mehr alle Zeit der Welt
Doch unser Blick geht weit
Wir tun's genau wie's uns gefällt
Wir sind ziemlich gescheit

Wir sind nicht taufrisch, aber echt
Wir stehen da, wo wir stehn zu Recht
Wir haben das Meiste schon gesehen, wir waren gar nicht so schlecht

Wir sehn noch in die Zukunft
Doch wir wissen, was alles vergangen ist
Das prägt und lässt dich ahnen
Was du bis dorthin noch vermisst

Unser Frühling ist vergangen
Und der Sommer fast verweht
Doch der Herbst ist uns geblieben
Es ist noch lange nicht zu spät

Der Frühling vergangen, der Sommer verweht
Der Herbst ist geblieben
Es ist noch nicht für nichts zu spät
… und der Winter kommt erst weit dahinter!

Uns sind Geburten recht vertraut
Wir stehn an Särgen und man schaut
Wohin die eigenen Wege gehn
Und was die Aussicht verbaut

Wir träumen noch die Pläne
Und wir wissen, wie's geht und was machbar ist
Das hilft und gibt dir Ruhe
Dass du nichts Wichtiges vergisst

Unser Frühling ist vergangen
Und der Sommer fast verweht
Doch der Herbst ist uns geblieben
Es ist noch lange nicht zu spät

Farbenfrohe Ausgelassenheit
Herz im Herbst ihr Jungen, nur kein Neid!

JOGGING ALL OVER THE WORLD

Das entspannte Laufen ist seit 1997 bis heute fester Bestandteil meines Lebens. Ob zu Hause mit Ingo oder auf Reisen mit der Laufsportgruppe PUR und Peter Brosi als Streckenbeauftragtem. Wenn ich nicht gerade abends ein Konzert und die damit verbundenen Leibesübungen absolviere, gehört 4 bis 6 Mal pro Woche eine Stunde Joggen zu meinem Leben. Summa summarum macht das mindestens 2000 Kilometer pro Jahr, und so bin ich inzwischen nicht nur rein theoretisch um die halbe Welt, sondern auf unseren Reisen auf fast jedem Kontinent dieser Erde gelaufen – sozusagen auf Forrest Gumps Spuren. Ich lief im Central Park, am Strand von Santos, in Buenos Aires quer durch den Verkehr, auf Mauritius mit dem Dodo um die Wette, auf Phuket und Mallorca, sogar auf der chinesischen Mauer, in Londoner Vororten, stolperte mit Günter in Sao Paulo über eine Pferderennbahn, verirrte mich im belgischen Mol mit Peter und Uli zwischen den immergleichen Vorgärten. In Nigeria blieb mir nur das Hotellaufband, weil es draußen zu gefährlich war und in Hyderabad wurde mir die indische Bevölkerungsdichte zum unüberwindlichen Hindernis. Der Bietigheimer Forst ist meine gewohnte Umgebung. Joggers Heimat, sozusagen. Laufen ist für mich mehr als Sport. Es bietet die Chance, in der Bewegung innerlich zur Ruhe zu kommen, die Gedanken zu ordnen. Nach einer Stunde ist man vielleicht kein besserer Mensch, aber meistens einer, der sich besser fühlt.

BACK TO THE ROOTS

Einen Tag nach dem Großkonzert *Pur & Friends auf Schalke* 2010 begannen die Proben zu unserem Album *Pur live* die Dritte, mit dem wir die Party unter dem Motto »30 Jahre eine Band« feiern wollen.

Das Umarbeiten der Songs auf eine Wohnzimmerkonzertgröße machte uns allen Riesenspaß und zeigte uns, welche Substanz in den Liedern steckt. Nach sechs intensiven Probewochen nahmen wir das Album an zwei Abenden im *Scala* in Ludwigsburg, einem ehemaligen Kino auf. Unser Publikum saß in roten Plüschsesseln. Bei der folgenden Tournee würden wir erstmalig bestuhlt spielen – nach 30 Jahren Bandgeschichte trauen wir uns mal was richtig Revolutionäres!

Hier im *Scala* hatten wir 1991 schon einmal einen Tourneeauftakt, kurz bevor die Band die Charts stürmte. Damals hätten wir ungläubig gelacht, wenn uns jemand unsere Zukunft prophezeit hätte.

Zwanzig Jahre später kehrten wir nun also ins *Scala* zurück und es war großartig, wieder da zu sein in diesem »intimen« Kreis der roten Plüschsessel. Back to the roots. Ja, wir sind älter geworden. Aber noch lange nicht bühnenmüde! Und so freue ich mich mit der Band nicht nur auf die Jubiläumstour im März und April 2011, sondern auf noch viele Alben, Tourneen und Begegnungen mit euch!

NACHSPIEL

Jetzt kommt's nicht mehr. Kein böses Nachspiel. Denn jetzt ist das Buch aus. Wer bis zu dieser Stelle gehofft hat, dass er Geheimnisse, Enthüllungen und Bloßstellungen gewürzt mit Häme und Schadenfreude erfahren würde, den muss ich enttäuschen.

Meine Mama sagt, wer sich mit Schweinen im Dreck wälzt, wird schmutzig dabei. Meine Mama hat recht. Denn ein paar Mal ist mir das auch passiert. Und darauf hab ich keine Lust mehr. Das Leben ohne Schweine und Dreck gefällt mir viel, viel besser! Denn es ist: Pur!

DANKE!

Ich bedanke mich bei allen, die dieses Buch interessiert gelesen haben und natürlich bei den *Pur* Fans: Ohne eure Liebe zu unserer Musik würde meine Geschichte anders aussehen. Ihr habt sie mitgeschrieben!

Ich danke Katrin für das einfühlsame Mitfiebern. Ich danke Philip und Felix: ihr seid zwei klasse Jungs.

Ich danke meiner ganzen Familie für Liebe und Toleranz.

Ich danke meiner Band: Ingo, Joe, Rudi, Martin, Stoecki und Cherry für die Freundschaft und die Musik.

Ich danke unserem Team: Uli, Günter, Danny, Peter, Daniel, Gaby und Dominic für ihre Freundschaft, die Zusammenarbeit und die Hilfe in wirklich allen Lebenslagen, darüber hinaus natürlich auch Pat und der gesamten weltbesten PUR-Crew.

Ich bedanke mich bei den Schoschonen: Hombré, Clemens, Charly, Larry, Angela, Simone, bei Danny und Matthias, Götz und Clara, bei Henriette und Michael.

… Und da sind so viele, die privat und beruflich und freundschaftlich meinen Lebensweg begleitet oder gekreuzt haben. Danke EMI und Intercord Team, danke Babs, Jürgen, Klaus, Ecki, danke Dieter Thomas und Hildchen Heck, danke Heinz Rudolf

Kunze, Peter Freudenthaler, David Hanselmann, Peter Lanz, Hartwig Masuch, Harald Martin, Karl-Emil Kuntz, Roland Spremberg, Zimmermann & Decker, Dirk Becker und allen Veranstaltern.

Ich danke meinen Kumpels aus der Männerrunde.

Und allen, die jetzt wissen, dass ich sie auch meine, und mir freundschaftlich verzeihen, dass ich sie hier nicht alle erwähnt habe.

Und mein letzter Dank für dieses Buch gilt einer Frau, die einige Tage lang irgendwie ich war und mir durch eine positive und weibliche Sichtweise beim Ordnen und Formulieren meiner Gedanken eine mehr als große Hilfe war: Shirley Michaela Seul.

DISCOGRAFIE

Live – Die Dritte Akustisch. Das komplette Konzert (2010)
Live – Die Dritte Akustisch (2010)
Wünsche (2009)
Es ist wie es ist (2006)
Just a Singer (Soloalbum H. Engler, 2005)
Pur – Klassisch – Live AufSchalke (2004)
Was ist passiert (2003)
Hits pur – 20 Jahre eine Band (2001)
Mittendrin (2000)
Mächtig viel Theater (1997/2002)
Live – die Zweite (1996)
Abenteuerland (1995/2002)
Seiltänzertraum (1993/2002)
Pur – Live (1992)
Nichts ohne Grund (1991/2002)
Unendlich mehr (1990/2002)
Wie im Film (1988/2002)
Pur (1987/2002)
Vorsicht zerbrechlich (1985/2002)
Opus 1 (1983/2002)